사회란
무엇인가

사회란 무엇인가

새로운 세대를 위한 질문

지은이 · 김성은 | 일러스트 · 신동민 | 펴낸이 · 김준성 | 펴낸곳 · 책세상 | 초판 1쇄 펴낸날 2009년 7월 20일 |
초판 7쇄 펴낸날 2025년 11월 5일 | 등록 1975년 5월 21일 제2017-000226호 | 주소 · 서울시 마포구 월드컵로23길 38, 2층(04011)
전화 · 02-704-1251 | 팩스 · 02-719-1258 | 이메일 · editor@chaeksesang.com | 광고 · 제휴 문의 · creator@chaeksesang.com
홈페이지·chaeksesang.com | 페이스북·/chaeksesang | 트위터·@chaeksesang | 인스타그램·@chaeksesang | 네이버포스트·bkworldpub

사회란 무엇인가

새로운 세대를 위한 질문

김성은 지음 | 신동민 그림

책세상

사회란 무엇인가

새로운 세대를 위한 질문 | 차례

제3장 사회와 국가를 갈라놓다

제4장 내 머릿속, 마음속의 사회

사회에 대해 이야기하자

인간답게 살 수 있는 사회를 꿈꾸다

박종철은 1964년 부산에서 태어났다. 집안의 막내로 태어나 부모님의 사랑을 독차지했고, 아버지가 동요 〈학교 종〉을 가르쳐주자 '학교 종이 땡땡땡 어서 모이자' 하고 곧잘 따라 부르는 모습이 무척 귀여워서 별명이 '땡철이'가 되었다. 아버지는 종철이 대학교에 들어갔을 때에도 여전히 땡철이라고 불렀다.

대학에서 종철은 사회 문제에 눈을 떴다. 다양한 책을 읽고 선배들과 토론하며, 교과서에서 배운 지식과는 다른 세상을 알게 되었다. 집회에서는 늘 제일 앞자리에 섰고, 매일 눈을 뜰 때마다 김 서린 유리창에 거리에서 외치던 구호를 손가락으로 쓰며 마음을 다잡았다. 부모님은 조금이라도 더 편하게 살기 위해 애쓰기는커녕 스스로 힘든 길을 가려는 막내아들 때문에 걱정이 태산 같았다.

종철은 스물두 살을 맞이하던 해 봄에 친구에게 보내는 편지에서 다음과 같이 썼다.

> 사람들은 제각기 여러 가지 모습으로 살아간다. 또 여러 가지 목표와 바람을 가지고서 내달린다. 난 죽기 전에 단 하루만이라도 참다운 인간의 모습을 찾을 수 있는 사회에서 사는 것이 소망이다. 그리고 꾸준히 노력할 것이다. 어떠한 모습으로든.
>
> 1986년 3월 8일 편지에서.

박종철 추모비.

이듬해인 1987년, 스물세 살의 나이로 종철은 죽고 말았다. 경찰관들이 하숙집 앞에서 종철을 붙잡아 남영동 치안본부로 끌고 갔고, 수배중인 선배의 행방을 대라며 모질게 다그쳤다. 하루라도 인간이 인간다울 수 있는 사회에서 사는 것을 꿈꾸며 아침마다 유리창에 구호를 적던 청년은 젊디젊은 나이에 물고문으로 숨이 끊

경찰은 물고문 중에 박종철이 사망하자, '탁 치니 억 하고 죽었다' 하며 고문을 은폐하려 했다. 그러나 몇 달 뒤 천주교 정의구현 사제단과 검사의 노력으로 진실이 밝혀졌고, 이 사건은 1987년 6월 항쟁의 도화선이 되었다.

고문으로 사망한 박종철을 살려내라는 시위대. © 민주주의 사회운동 NGO 자료관.

어졌다.

그 후 20년 남짓 흘렀다. 지금 우리는 흔히, 또 쉽게 사회에 대해 이야기한다. '사회 문제'의 원인이 무엇이고, '사회의 발전을 위해' 무엇을 해야 한다는 등의 말을 하며, '함께 잘 사는 사회를 위하여' 같은 말도 부담 없이 자기주장 앞에 갖다 붙이고, 심드렁한 표정으로 '사회가 타락했다'거나 '도저히 눈 뜨고 보기 힘든 사회'라며 탄식하기도 한다.

박종철이 목숨을 바쳤던 1980년대는 사람들이 절절한 마음으로 사회를 이야기하던 '사회과학의 시대'였다. 그러나 2000년대를 사는 우리는 그렇게까지 심각하게 사회에 대해 이야기하지 않는다. 우리는 쉽게 사회를 들먹이면서도 정작 사회에 대해서 그리 큰 관심을 기울이지는 않는다.

그런데 이것이 잘못된 변화일까? 꼭 그렇지만은 않은 것 같다. 만약 우리가 지금도 여전히 사회에 대해 심각하고 절실하게 이야기해야 한다면 종철의 죽음은 아무런 의미가 없게 되는 것일지도 모른다. 오늘날 우리가 사회에 대해 크게 신경 쓰지 않고도 잘 살 수 있게 된 것은 아마도 박종철을 비롯한 수많은 사람들의 노력과 희생 덕분일 것이다.

또한 짧은 기간에 세상이 완전히 달라진 점도 무시할 수 없다. 지금은 거리에서 민주화와 자유를 부르짖던 1980년대가 아니라 거대한 세계화의 파도 아래 모든 사람들이 무한 경쟁하는 21세기이기 때문이다. 언제 갑자기 해고될지, 비정규직으로 내몰릴지 모르는 불안한 상황에서 회사원들은 조금이라도 더 오래 회사에 붙어 있으려 애쓰고, '30분 더 공부하면 배우자의 직업이 바뀐다' 같은 말이 급훈으로 걸려 있는 교실에서 학생들은 끊임없이 이어지는 시험에 청춘을 바친다. 사람들은 경쟁에서 뒤처지지 않기 위해 온 힘을 쏟느라 국가나 사회의 일까지 관심을 가질 여유가 없다.

사회에 대해 이야기하지 않는 사람들

사회는 어딘가 보이지 않는 곳에서 혼자서도 잘 굴러가고 있고, 이제 우리는 그저 우리 자신에게만 신경을 쓰면 될 것 같다. 그리고 어쩌면 나 자신을 위해 최선을 다하는 것이 곧 사회를 위해서 우리가 할 수 있는 최대한의 일인 듯한 기분도 든다.

그렇다면 나 자신을 위해 최선을 다하는 방법에는 어떤 것이 있을까? 서점에 깔려 있는 수많은 '자기계발' 서들은 더 나은 삶을 꿈꾸는 사람들에게 비슷한 이야기를 들려준다. '성공은 우리 자신에게 달려 있습니다.' '자신의 가능성을 믿으십시오. 포기하지 않는 한 불가능은 없습니다.' 이처럼 솔깃한 말로 서두를 연 다음, 나름대로 구체적인 방법을 제시하며 자신을 개조하라고 주문한다. '소중한 것을 먼저 하라', '아침형 인간이 되어라' 등 하나같이 금쪽같은 명언처럼 들린다.

그런데, 이런 책들에는 '사회' 라는 말이 거의 나오지 않는다. 세상은 대체로 공평하고 개인의 노력 여하에 따라 성공과 실패가 좌우된다. 조상이 누구인지, 부모가 누구인지, 어떤 환경에서 자라났는지는 중요하지 않다. 개인의 의지와 노력만이 중요하며, 잘 되든 못 되든 자기 탓일 뿐이다.

그렇기에 사람들은 오늘도 출근길 북적이는 지하철에서 졸린 눈을 비비며 책을 읽는다. 성공에 대해, 특별한 미래에 대해 이야기하는 책을 읽으며 게으르게 보낸 지난날을 후회한다. 그리고 당장 내일부터 열심히 살리라, 완전히 다른 내가 되리라 굳게 맹세하곤 한다. 성공을 위해 노력하다 보면 언젠가는 행복해질 수 있으리라 믿으며.

그런데 이런 책들이 결코 이야기해주지 않는 사실이 있다. 세상의 모든 사람들이 굳은 의지로 아침에 일찍 일어나고 소중한 것을

먼저 하게 되더라도, 결국 '성공하는 사람'은 극소수에 불과하다는 점이다. 또한 그렇게 해서 CEO가 되거나 부자가 된 극소수의 사람들 주위에는 여전히 전쟁과 가난, 환경 파괴, 인권 유린 등으로 고통 받는 수많은 사람들이 존재할 것이라는 사실이다.

그러므로 아무리 외면하려고 애를 써도 2000년대를 살고 있는 우리들 역시 1980년대를 살았던 사람들과 마찬가지로 사회라는 단어와 수시로 마주칠 수밖에 없다. 게으름 피우지 않고 열심히만 살면 모든 일이 다 잘 풀릴 것 같은데, 왜 굳이 사회의 문제들을 해결하기 위해 애를 써야 할까? 아마도 세상에는 한 사람의 탁월한 인내심이나 매일 일찍 일어나는 부지런함 정도로는 도저히 어쩔 수 없는 일들이 존재하기 때문일 것이다.

연애를 할 때도, 결혼을 할 때도 우리는 사회가 마련해놓은 틀 안에서 절차를 밟는다. 사실 무엇이 사회에 속한 것이고 무엇이 진정으로 나 자신에게 속한 것인지조차 구분하기 어렵다. 좋은 학교를 나와 좋은 직장에서 일하고 싶은 마음, 좋은 집에서 살며 좋은 자동차를 몰고 싶어 하는 마음은 어디에서 온 것일까? 그 전에 무엇이 좋고 나쁜지 판단할 수 있는 기준은 어떻게 생겨났을까? 어쩌면 내가 스스로 생각하고 결정한다고 믿고 있는 일들 중 많은 부분이 사실은 사회가 요구하는 대로, 혹은 강제하는 대로 그저 따라가고 있는 것일지도 모른다.

정신없이 하루하루를 보내면서 사람들은 어느 순간부터 사회에 대해서는 그만 이야기하기로, 각자의 삶에 대해서만 이야기하기로 약속한 것 같다. 하지만 우리가 사회에 대해 얼마큼 생각하고 이야기하는가와 상관없이, 사회는 지금도 우리의 삶에 끊임없이 끼어들고 막대한 영향을 미친다. 사람은 혼자 살 수 없으며 수많은 사람들과 함께 사회에서 살아가야 하기 때문이다.

나의 삶과 내가 속해 있는 사회는 서로 구분하기조차 어려울 정도로 끊임없이 겹치고 얽혀 있다. 그러므로 어떻게 사는 것이 좋은 삶일까 고민하기 전에, 어떤 사회가 좋은 사회일까를 먼저 고민해야 한다. 오늘날 우리가 누리는 자유는 과거 수많은 사람들이 이렇게 고민하고 더 나은 사회를 만들기 위해 노력한 덕분이다. 그렇다면, 우리는 후손들에게 어떤 사회를 물려줄 수 있을까?

지금부터 누구나 쉽게 말하지만 정작 별 관심을 쏟지는 않는 사회에 대해 다시 이야기해보자. 사회란 과연 무엇일까? 사회는 인류의 등장과 함께 저절로 생겨났을까, 아니면 인간이 어떤 이유로 만들어낸 것일까? 사회에서 인간은 더 큰 자유를 얻었을까, 아니면 오히려 사회가 인간을 억압하는 굴레가 되어버렸을까? 20년 전 한 젊은이가 그랬듯이, 우리도 사회를 통해 어떤 희망을 품을 수 있을까?

모두를 위해 스스로 모이다

사회는 언제 생겼을까? 인류의 등장과 더불어 태곳적부터 존재하였을까, 아니면 20세기에 가까워서야 비로소 사회라고 부를 만한 어떤 것이 나타났을까? 눈에 보이지도 않고 손에 잡히지도 않는 사회가 정확하게 언제 등장했는지 알기란 아무래도 쉽지 않다. 그러므로 사람들이 '사회'라는 단어를 언제부터 사용하기 시작했는지 먼저 살펴보는 것이 좋을 듯하다.

세종은 재위 25년(1443)에 한글을 만들고 보충 연구를 거쳐 3년 뒤에 백성들에게 공개했다. 《훈민정음(訓民正音)》 서문에서 세종은 한글을 만든 두 가지 이유를 밝혔는데 첫째, 우리말이 중국말과 달라 중국 글자인 한자를 빌려 쓰기에 적합하지 않고 둘째, 일반 백성들이 어려운 한자를 배우지 못해 자기 뜻을 글로 표현할 수 없는 것이 안타까웠기 때문이었다.

1. '사회'라는 번역어의 등장

세종대왕이 나라를 다스리던 15세기 조선 시대를 상상해보자. 여러분이 그 시절 조선의 백성(百姓)이었다면 어떻게 살았을까? 세종대왕이 한글을 창제한 이유를 고려해본다면, 여러분은 우선

글을 읽을 줄도 쓸 줄도 모르는 문맹(文盲)이었을 가능성이 매우 크다. 양반이 아닌 이상 살면서 책 비슷한 것이라고는 구경해볼 기회가 거의 없기 때문이다. 또한 먹을 것이 풍족한 지금과 달리, 먹을 게 부족하여 늘 주린 배를 움켜쥐었을 것이다.

당시 사람들은 꼭두새벽에 일어나 하루 종일 농사일을 해도 배불리 먹기 힘들었다. 배곯는 사람이 많았고, 의학이 발달하지 않아 가벼운 병으로도 쉽게 목숨을 잃었다. 그래서 40세를 넘기면 장수(長壽)한다는 말을 들었다. 이렇게 입에 풀칠하기도 벅찼기 때문에, '나는 누구일까, 나는 왜 태어났을까, 왜 누구는 왕으로 태어나서 호의호식(好衣好食)하고 누구는 노비의 아들로 태어나서 이렇게 고생하는가. 우리가 사는 세상은 왜 이 모양인가' 같은 생각 따위는 할 겨를도 없었다.

그리고 또 한 가지 분명한 점은 죽을 때까지 단 한 번도 '사회'라는 단어를 말하지 않았을 것이라는 사실이다. '임금'이라는 단어도 알고 '백성'이라는 단어도 알았겠지만 사회라는 단어는 꿈에도 알지 못했을 것이다. 물론 다른 뜻의 사회는 있었다. 사회(司會, 회의를 진행함), 사회(司誨, 왕족의 교육을 맡은 정육품 벼슬), 사회(死灰, 불기운이 식은 재) 등은 있었지만 사회(社會)라는 단어는 존재하지 않았다. 나라와 마을, 집이 있었고 임금과 백성이 있었고 양반, 양민, 노비가 있었지만 사회는 없었다.

어쩌면 현재 우리가 사회라고 부르는 것과 비슷한 어떤 것이 조선 시대에도 존재했을지 모르지만, 사회라는 단어는 존재하지 않았다. 사회라는 단어가 등장한 것은 세종대왕 시대로부터 상당히

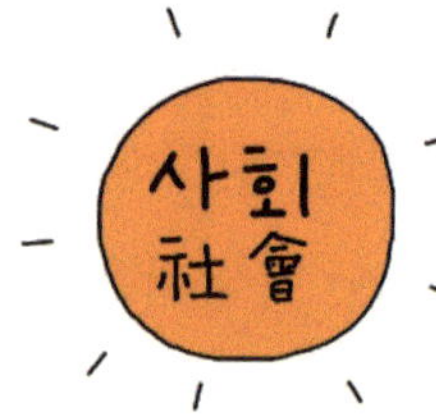

오랜 시간이 흐른 후다. 《조선왕조실록》에는 '사회(社會)'라는 단어가 딱 세 번 나오는데, 그 첫 번째가 1895년 고종 때다. 이로 미루어 일제가 침략의 칼날을 세우고 있던 한말(韓末)에야 비로소 '사회'라는 단어가 우리나라 사람들 입에 오르내리기 시작했음을 짐작할 수 있다.

그런데 1895년 이전에는 사회라는 단어만 없었던 것이 아니었다. 국민, 민족, 개인, 인류, 정치, 경제 같은 단어도 없었다. 이런 단어들은 모두 한말의 비슷한 시기에 등장하여 입에서 입으로, 글에서 글로 빠르게 퍼져나갔다. 사실 국민, 민족, 개인이라는 것 또한 과거에 없었던 것이 갑자기 생겨난 것이 아니다. 정치와 경제 역시 지금과는 다른 모습일지라도 어떠한 형태로든 존재했다. 즉 완전히 새로운 어떤 것이 등장하여 그에 걸맞은 새로운 단어가 필요했던 것이 아니라 단지 새로운 표현, 좀 더 구체적으로 특정 부분을 꼬집어 가리키는 용어들이 이때 처음으로 등장했을 뿐이다.

물론 이런 용어들은 우리나라에서 만들어낸 것이 아니라 모두 외국에서 들어온 말이다. 좀 더 정확하게 이야기하면 서구의 용어들을 일본에서 먼저 번역했고, 그 번역어를 그 모양 그대로 우리나라에 들여온 것이라고 할 수 있다. 사회라는 단어 역시 영어 '소사이어티society', 프랑스어 '소시에테société', 독일어 '게젤샤프트gesellschasft'를 번역한 말이다. 오늘날 '글로벌라이제이션globalization'이란 말이 서양에서 들어오면서 '세계화' 혹은 '지구화'로 번역된 것처럼, 일본의 지식인이 '소사이어티'를 '사회'로 번역했고, 우리가 그것을 그대로 가져다 쓴 것이다.

그런데, 세종대왕 때에는 없어도 사는 데 전혀 지장이 없었던 사회라는 단어가 19세기 말에 갑자기 등장한 이유는 무엇일까? 과거에는 없던 무언가가 어느 날 갑자기 생겨나서, 그것에 사회라는 이름을 붙인 것일까? 일제의 침략 때문에 국가가 있으나마나 한 것이 되면서 사회라는 새로운 말을 갖다 쓸 수밖에 없었던 것일까?

갑오개혁을 시행한 김홍집.

번역어 '사회'가 우리나라로 넘어오게 된 데는 19세기 말 일본에서 공부하던 유학생들의 공이 컸다. 1895년 갑오개혁 이후, 대한제국 정부는 우리보다 앞서 문명개화를 이룬 일본을 본받고자

〈독립신문〉은 서재필이 정부의 자금을 받아 1896년 4월 7일 창간했다. (창간일이 현재의 '신문의 날'이다.) 처음에는 4면 가운데 3면은 한글로, 마지막 1면은 영문으로 편집했으나, 창간 이듬해인 1897년 1월 5일자부터 국문판과 영문판을 분리하여 두 가지로 발행했다. 개화파 정권은 〈독립신문〉을 적극적으로 지원했으나 이후 들어선 친러수구파 정권은 친미, 친일 성향의 〈독립신문〉을 못마땅하게 여겼고 결국 창간 4년여 만에 완전히 폐간시켰다.

독닙신문

독립신문 초판.

국비 유학생을 대거 선발하여 보냈는데, 요즘 외국의 이름 난 대학마다 어김없이 한인 유학생회가 있듯이 당시 유학생들도 일본에 가자마자 친목회부터 만들었다. 이들은 모인 김에 친목회 회보(會報)를 발간하기 시작했다. 이 회보에는 유학생들이 기고한 글뿐만 아니라 일본 신문의 기사를 번역한 글, 독립협회 관련자들의 기고문 등이 실렸는데, 여기에 심심치 않게 사회라는 말이 등장하면서 조금씩 사람들의 관심을 끌기 시작했다.

이때 좀 더 본격적으로 사회를 들먹인 곳은 '독립협회'였다. 독립협회 사람들은 서구의 지식과 문물을 받아들이는 데 누구보다 적극적이었고, 〈독립신문〉을 통해 더 많은 사람들에게 새로운 지식을 전달하고자 했다. 〈독립신문〉은 창간호의 영문판에 영단어 'society'를 넣었고, 1897년 독일의 정당들을 소개하면서 '사회개혁당'이라는 말을 처음 쓴 이래 사회를 부르짖기 시작했다.

〈독립신문〉은 일반인들에게 아직 생소한 사회라는 새로운 단어를 사용해서 무슨 이야기를 하려고 했던 것일까? 당시 조선에는 뜻 있는 사람 몇 명이 주축이 되어 무지한 민중을 계몽시키겠다고 만든 단체들이 많았는데, 〈독립신문〉은 이러한 단체들이야말로 조선의 희망이라고 생각했다. 독립협회 같은 수많은 모임, 즉 '회'들을 조직하는 것이야말로 어두운 현실을 깨고 밝은 미래를 가져오는 길이라고 판단한 것이다.

이때 '사회(社會)'의 의미는 한자어 그대로다. '단체(會)'가 '모인(社)' 것이다. 머릿속에 나라와 개인밖에 없던 상황에서, 중간 단계가 처음으로 등장한 셈이다. '사람들이 모여서 단체를 만들

고, 그 단체들이 또 모여서 거대한 무리가 된다.' 이것이 바로 한말, 일제 식민지시기에 지식인들이 생각하던 사회였다.

한 사람이 개인의 자격으로 나랏일에 참여하기는 어렵다. 개인의 이익이 아닌 공동의 이익을 위해서 목소리를 내고 뭔가 일을 해 보려면 되도록 많은 사람들이 모여야 했다. 공익(公益)을 위해 사람들이 모인 것, 이것이 당시 생겨났던 '회'였고, 대표적으로 독립협회와 만민공동회(萬民共同會) 등이 있었다.

물론 일반 백성들이 공공의 이익을 위해 자발적으로 만든 '회'

만민공동회는 말 그대로 모든 사람이 모이는 집회를 말한다. 처음에는 독립협회가 주최했으나 나중에는 시민들이 스스로 열기도 하며 정치토론을 벌였다. 열릴 때마다 대표를 직접 뽑았고 집회에서 결정된 요구사항을 대표가 정부에 건의했다. 1898년 3월 10일에 서울에서 열린 만민공동회의 모습을 잠깐 살펴보자. 종로 거리에 벼슬아치, 학생, 백정, 상인, 대장장이, 장사꾼 등 온갖 계층의 사람들이 모여들었다. 이날 쌀장수 현덕호가 대표로 선출되었고, 나중에 대통령이 되긴 하지만 이때는 아직 새파란 청년이었던 이승만이 연사로 단상에 올라 열변을 토했다. 사람들은 러시아의 침략 행위를 규탄하며 러시아의 군사교관과 재정고문을 해고하라고 주장했고, 정부는 이들의 건의를 받아들였다.

독립협회는 정부와 충돌하는 일이 잦았다. 정부의 보수파 세력은 고종에게 독립협회가 황제를 폐하고 의회를 열어 공화정(共和政)을 수립하려 한다고 모함했다. 그러자 고종은 독립협회 회원을 체포하고 독립협회의 해산을 명령했다.

만 있었던 것은 아니다. 오로지 독립협회를 타도할 목적으로 정부가 나서서 만든 황국협회(皇國協會)도 있었고, 시전상인들이 조직한 황국중앙총상회처럼 정부에 결탁하여 이익을 보려고 한 단체들도 많았다. 어쨌든 당시 이런저런 수많은 '회'들이 활동하면서 사람들에게 사회라는 말이 실감나게 다가오기 시작했다. 사회라는 단어 없이는 사람들이 너나없이 자발적으로 단체를 결성하여 정치에 참여하고 싶어 하는 새로운 상황을 설명할 수 없었기 때문이다.

2. 사회의 어원, 폴리스와 소키에타스

그렇다면 '사회'로 번역된 영어 단어 '소사이어티'와 프랑스어 단어 '소시에테' 등은 어떻게 생겨났을까? 이제 번역된 단어가 아닌, 최초의 '사회' 개념이 인류 역사에 등장한 때를 살펴보도록 하자.

서양에서 사회라는 말은 언제부터 사용되었을까? '인간은 사회적 동물이다'라는 유명한 말을 알고 있는 사람은 자신 있게 고대 그리스 아니면 그 이전이라고 답할 것이다. 이 명언은 고대 그리스의 철학자 아리스토텔레스Aristoteles의 말이기 때문이다.

그런데 왜 '인간은 사회적 동물이다'라고 알려지게 되었을까? 이에 대해서는 3장에서 다시 설명할 것이다.

그런데 사실 아리스토텔레스는 '인간은 사회적 동물'이라고 말하지 않았다. 그는 《정치학*Politica*》에서 '인간은 폴리스적인 동물'이라고 썼다. 즉 고대 그리스에는 사회라는 단어가 없었다. 오로지

클렌체가 그린 아크로폴리스 상상화(1846).

폴리스polis만 있었다. 플라톤의 유명한 저서 《국가》도 원제는 '폴리테이아Politeia'다. 이처럼 고대 그리스인이 생각한 나라는 폴리스였다. 흔히 '도시국가'로 번역되는 폴리스는, 언덕에서 내려다보았을 때 한눈에 다 보일 정도의 작은 공동체였다. 고대 그리스 시대에는 지중해와 에게 해 일대에 수많은 폴리스들이 있었다. 우리가 잘 알고 있는 아테네, 스파르타가 예외적으로 큰 폴리스였고 나머지는 무척 작았다.

플라톤이 2살 때(기원전 425년) 아테네의 인구는 시민 11만 6천 명, 외지인 2만 1천 명, 노예 8만 명으로, 도합 21만 7천 명 정도였던 것으로 추정된다. 아테네에 전염병이 돌기 전에는(기원전 431년) 이보다 10만 명 정도 더 많았을 것으로 예측된다. 플라톤이 만년에 《법률*Nomoi*》을 쓰며 구상했던 나라의 인구는 약 2만 명 정도였다.

분명히 알 수 있는 사실은 폴리스가 자연적으로 존재하는 것들에 속하며, 또한 인간은 본질적으로 폴리스에서 살도록 되어 있는 동물이라는 것이다. 어떤 우연에 의해서가 아니라 자신의 성질상 폴리스를 벗어난 사람은 보잘것없는 존재이거나 아니면 인간 이상의 존재이다. 이런 사람을 호메로스는 다음과 같이 비난했다. '부족도 법도 가정도 없는 자' 라고.

아리스토텔레스, 《정치학》(기원전 330년경), 1253a 2f.

여기에서 "폴리스에서 살도록 되어 있는 동물"은 단지 폴리스 안에 거주하면서 다른 사람들과 함께 살아야 한다는 뜻에 그치지 않는다. 아리스토텔레스는 폴리스에서 태어나고 자란 인간이라면 모름지기 자기 일만 신경 쓸 것이 아니라 폴리스 전체의 일에 적극적으로 관심을 가지고 토론이나 투표 등에 빠지지 말아야 한다고 주장했다. 즉 폴리스에서 정치적 활동에 참여하지 않으면 제대로 된 인간이 아니라는 뜻이다.

아테네는 역사상 처음으로 민주정치가 실현된 폴리스로 유명하다. 아테네에 거주하는 시민politēs(市民)들은 폴리스 전체의 이익을 위해 토론하고 투표권을 행사했다. 아테네는 한 사람이 권력을 독차지하지 않았으며 모든 시민이 동등한 자격을 가지고 정치에 참여했다. 또한 지금처럼 대표자를 뽑아 의회에 보내는 간접 민주주의가 아니라 너나 할 것 없이 모두 한자리에 모여 회의하고 투표하는 직접 민주주의가 실현되었다.

아테네에서는 정책을 결정할 때뿐만 아니라, 재판에서도 시민들이 직접 배심원이 되어 투표로 유죄 여부를 결정했다. 해마다 6천 명 정도의 배심원을 뽑았고, 재판이 있을 때 다시 추첨으로 적게는 2백 명에서 많게는 수천 명에 이르는 담당 배심원을 뽑았다. 기원전 399년, 소크라테스가 신을 모독하고 청소년에게 해악을 끼쳤다는 죄목으로 고발되었을 때에도 배심원은 무려 501명이나 되었다. 이들은 3시간에 걸쳐 고발자의 연설과 피고인 소크라테스의 변론을 듣고 투표로 소크라테스에게 사형 선고를 내렸다.

그런데 아테네의 직접 민주주의에는 빈틈이 있었다. 모든 시민이 참여한다고는 하지만 실제로 정치 활동에 참여할 수 있는 사람은 아테네 전 인구의 약 20퍼센트인 4만 명 정도에 불과했다. 노예와 여자, 다른 지역에서 온 외지인은 폴리스의 어떤 회의에도 낄 수 없었기 때문이다. "폴리스에서 살도록 되어 있는 동물"이 될 수 있는 자격은 오로지 아테네에서 태어난 18세 이상 남성 시민에게

고대 사회는 노예제 사회였기 때문에 그리스인들은 이런 차별을 당연하게 여겼다고 한다.

만 주어졌다.

그런데 노예, 여자, 외지인을 제외한다고 해도, 몇 만 명이나 되는 사람들이 한날한시에 한자리에 모여서 폴리스의 중요한 일을 논의한다는 게 과연 가능했을까? 아테네 민주정치의 핵심이라고 할 수 있는 민회ecclēsia(民會)는 보통 9일마다 열렸고, 여기서 모든 사안이 결정되었다. 그러나 모든 시민이 반드시 민회에 참석해야 하는 건 아니었고, 멀리 사는 농민들은 종종 불참할 수밖에 없었다. 그런데도 늘 5, 6천 명 이상은 모였다. 이런 일이 가능했던 것은 전적으로 노예 덕분이었다. 노예들이 힘들고 번거로운 일을 모두 해주었기 때문에 아테네의 남성 시민들은 부담 없이 정치에 참여할 여유가 있었다.

구스타브 블랑제가 고대의 노예 시장을 묘사한 그림(1882).

말하기 다소 민망한 민주정치였긴 하지만, 어쨌든 고대 그리스에서는 역사상 최초로 시민이 정치에 직접 참여할 수 있었으며 자신만의 이익이 아니라 공동체의 이익을 위해 일하는 것을 중요하게 생각했다. 아직 사회나 국가라는 단어는 따로 없었지만 '폴리스'라는 단어에 이미 오늘날 사회와 국가에 해당하는 뜻이 대부분 포함되어 있었다. 그렇기에 사회라는 말의 기원을 찾을 때는 고대 그리스의 폴리스까지 거슬러 올라갈 수 있다.

그러나 단어 자체만 따지자면 '소사이어티'와 '소시에테'의 어원은 그리스어가 아닌 라틴어 '소키에타스societas'다. 소키에타스는 로마 공화정 말기에 등장한 단어로 '시민 결사체' 정도로 번역할 수 있는데, 개인들이 자발적인 동의나 계약에 따라 결성한 수많은 집단들 중 법에 의해 공인된 집단만을 의미했다.

반면 법의 인정을 받지 않은 사적인 집단은 '우니베르시타스universitas'(원래 '전체, 모두'의 의미를 가지고 있다)라고 불렸다(이 말은 중세에 '학생 조합'의 뜻을 갖게 되었고 결국 '대학university'의 어원이 되었다). 우니베르시타스가 공동의 이익을 추구하는 집단이었다면, 소키에타스는 같은 규칙과 절차를 공유하는 집단의 의미가 강했다. 그런데 사실 소키에타스는 고대 그리스의 폴리스에 비해 정치적인 의미가 훨씬 제한적이어서 시민의 정치 모임보다는 상인들의 협력체를 의미할 때가 더 많았다. 결국 시민의 정치 참여가 불가능했던 중세에는 소키에타스가 지중해를 중심으로 활발하게 대외무역을 하는 가족 기업을 가리키는 말이 되었다.

로마는 기원전 8세기 무렵에 라틴족이 세운 작은 폴리스에서 시작하여 기원전 1세기 말에는 유럽, 아시아, 아프리카를 아우르는 대제국이 되었다. 로마의 역사에서 중요한 계기는 기원전 509년 공화정의 수립이었다. 로마의 군대는 귀족의 명령에 따라 강제로 끌려나온 노예 부대가 아니라 모든 시민이 참여하는 시민군이었다. 이렇듯 공화정 체제에서 시민들이 정치에 자발적으로 협력했기 때문에 로마는 눈부신 발전을 이룰 수 있었다.

고대 로마에서도 이미 귀족과 평민 사이에 갈등이 심했고 빈부 격차도 컸다. 로마의 공화정은 상당히 민주적인 체제였다고 볼 수 있지만, 좀 더 엄밀하게 보면 귀족이 평민에게 마지못해 한몫을 떼어준 수준에 그쳤다고 평가할 수도 있다.

로마 공화정 역시 고대 그리스처럼 민회에서 모든 일을 결정했다. 평민도 관직에 오를 수 있었고 평민회의 결정이 국법으로 인정될 정도로 힘이 셌다. 또한 호민관(護民官)이라는 독특한 직책이 있었다. 이 관직은 기원전 494년에 생겼는데 평민만 뽑힐 수

로마 원로원에서 카탈리나를 탄핵하는 키케로. 체자레 마카리가 그린 벽화.

있었다.

로마 공화정은 고대 그리스와 더불어 서양 문명의 근원으로 불리며, 마치 조선의 지식인들이 요순(堯舜) 시대를 이상향으로 꿈꿨듯이 많은 서양 지식인들에게 동경의 대상이 되었다. 18세기 프랑스의 사상가 루소Jean-Jacques Rousseau 역시 로마 공화정을 우러러보았다. 그는 《사회계약론*Du contrat social*》에서 고대 로마의 정치를 소개하며 여전히 모범이 될 만하다고 주장했다.

호민관은 평민회의 의장으로서 정무관이나 전직 정무관들의 모임인 원로원(元老院)의 결정에 거부권을 가졌다. 호민관이 한 번 거부한 사안은 누구도 돌이킬 수 없었다.

루소의 로마 사랑은 어렸을 때부터 시작되었다. 그는 8살에 로마 시대 위인전이라고 할 수 있는 《플루타르크 영웅전》을 읽고 큰 감동을 받았으며 "나는 12살 전에는 로마인이었다"고 말하기도 했다.

로마 공화국은 규모가 큰 국가였으며, 로마 시는 대도시였다고 생각한다. 마지막 국세조사에서 무기를 든 시민이 40만 명이었고, 로마 제국의 최종 인구조사에 의하면 하인, 외국인, 여자, 어린이, 노예를 제외하고도 400만 시민을 헤아렸다.

로마 시와 그 주변의 수많은 주민을 빈번히 소집하는 일이 굉장히 어려웠으리라 짐작할 것이다. 그러나 실제로 로마 국민이 집합하는 데는 며칠이 걸리지 않았다. 그리하여 로마 국민은 주권뿐만 아니라 정부의 권한 일부까지도 행사했다. 그들은 여러 종류의 업무를 다루고 소송 사건을 심판했다. 집회에 모인 로마인 모두가 시민이자 행정관이었다.

루소, 《사회계약론》(1762) 3부 12장.

칼리굴라(12~41)는 로마 제국의 3대 황제로서 본명은 가이우스다. 칼리굴라는 '작은 장화'라는 뜻의 별명이다. 자신과 누이를 신격화하며 근친상간을 일삼았고 국가의 재정을 파탄냈다. 결국 재위 3년 만에 근위대장을 비롯한 부하들에게 죽임을 당했다.

고대 그리스나 로마에서 사회의 기원을 찾을 수 있는 것은, 이처럼 그 시대 사람들이 한데 모여서 공적인 일을 의논했기 때문이다. 고대 로마 시대의 '소키에타스'라는 말에는 이미 '공공의 이익을 위해 사람들이 자발적으로 모인 단체'라는 의미가 들어 있었다. 왕이나 귀족에 의해 모든 일이 결정되는 곳에서는 사회라는 말이 등장할 수 없다. 시민들이 스스로 모여서 공적인 일에 힘을 발휘할 수 있는 곳에서 사회라는 단어가 의미를 지니게 된다.

네로(37~68)는 로마의 5대 황제이다. 방탕하며 사치가 심했고 어머니와 아내를 살해하기까지 했다. 64년 로마 시에 큰 화재가 일어나자 시민들은 네로의 방화라고 의심했다. 네로는 흉흉한 민심을 달래기 위해 기독교인들을 희생양으로 삼아 박해했다. 68년 각지의 총독들이 반란을 일으켰고 결국 원로원으로부터 '국가의 적'으로 선고받아 자살했다.

그러나 로마가 대규모 정복 전쟁에 나서면서 공화정 체제는 점점 무너지고 결국 황제가 통치하는 로마 제국으로 변모했다. 실속없이 몸만 커져버린 로마 제국은 온갖 정치적, 경제적 불안에 시달리며 몰락의 길을 걸었다. 끊임없는 전쟁으로 농민이 궁핍해지자 이들이 주축이 되었던 시민군도 붕괴했고, 국경 수비를 게르만족 용병에게 맡겨야 하는 처지에 이르렀다. 로마의 힘이었던 건전한 시민정신은 사라지고, 향락과 사치에 빠진 귀족과 가난하고 무기력한 피지배층만 남았다. 또한 칼리굴라Caligula나 네로Nero와 같이 우리가 잘 아는 엽기적인 황제들도 제국의 몰락에 한몫을 단

어머니를 죽인 것을 자책하는 네로. 존 윌리엄 워터하우스(1878).

단히 했다.

결국 로마 제국이 멸망한 후 그 자리를 메운 크고 작은 나라들에서 신에게 권력을 물려받았다고 주장하는 왕들의 독재가 시작되었다. 사람들이 다시 '사회'를 떠올리며 스스로 정치에 참여하기까지는 오랜 세월을 기다려야만 했다.

황제의 통치력이 로마 제국 전체에 미치지 못하자 395년 테오도시우스 1세는 제국을 동서로 나누어 자신의 아들들에게 통치를 맡겼다. 그러나 서로마 제국은 476년 게르만 용병대장 오도아케르Odoacer의 침입으로 멸망하였다. 동로마 제국은 1453년 오스만투르크에 의해 멸망할 때까지 존속했으나, 395년 로마의 분할이나 476년 서로마 제국의 멸망을 로마 제국의 실질적인 종말로 판단하는 역사가들이 많다.

3. 인류를 위한 약속, 사회계약

서양은 오랫동안 중세의 암흑기에 빠져 있었다. 이 시기 서양 사람들의 삶은 우리가 조선 시대를 상상했던 것과 별로 다르지 않다. 늘 굶주렸고 대부분 문맹이었으며 40세도 못 되어 죽었다. 다른 점이 있다면 가톨릭교회가 큰 힘을 가지고 있어서 사람들의 일상에 중대한 영향을 미쳤다는 점 정도다. 긴 중세 동안 사회라는 말

서양의 중세는 서로마 제국이 멸망한 5세기 말부터 르네상스와 종교개혁의 15~16세기까지를 가리키는데, 교회의 압도적인 권위 아래 인간성이 억눌려 있던 시기였기에 암흑기라고 불린다. 그러나 신의 권위를 존중한 동시에 인간의 자유를 옹호한 아퀴나스 Thomas Aquinas 같은 철학자를 예로 들며 중세를 완전한 암흑기로 보는 것은 지나치다는 주장도 있다.

은 잊혀졌다.

16세기 종교개혁으로 맹목적인 신앙에 대한 반성의 목소리가 높아지고 성직자들의 권위가 한풀 꺾인 틈을 타 왕의 권력이 매우 강해졌다. 그리하여 16~18세기 유럽은 절대군주의 시대로 불린다. 조세 제도와 사법 제도가 정착되어 왕의 명령이 산 속이나 해변에 숨어 사는 국민들에게까지 다다르게 되었고, 모든 국민이 힘을 모아 왕과 왕의 가족들을 위해 봉사해야만 했다.

종교와 왕이 다스리는 시대에는 사회가 끼어들 자리가 없었다. 사람들이 왕 한 사람에게 쏠려 있는 절대적인 권력에 의심을 품기 시작하면서 사회가 다시 주목받기 시작했다.

왕의 지배에서 모든 사람의 지배로

피조물인 인간으로서 창조주인 신에게 무조건 복종해야 한다는 엄숙한 명령에 저항하기는 쉽지 않다. 그런데 왜 같은 인간인 왕에게까지 절대적으로 복종해야 하는 것일까? 의문은 여기에서부터 시작되었다. 왕의 권력은 사실 종교에 크게 기대고 있었다. 왕은 신이 정해준 자리라는 한마디로 권력을 독차지하고 있었는데, 사실 이에 대한 근거는 찾기 어려웠다. 신이 언제 석판에 왕의 이름을 새겨주기라도 했단 말인가?

17~18세기의 지식인들은 왕이 어째서 이토록 강력한 권력을 가지게 되었을까 하는 의문을 풀기 위해, 우선 왕도 없고 종교도 없던 까마득한 옛날을 상상했다. 정치권력이 생겨나기 이전의 '자연 상태'를 논하는 것이 당시 지식인들 사이에서 유행처럼 퍼졌

다. 그런데 사실 인류의 역사에서 언제부터 언제까지가 자연 상태였다고 꼬집어 이야기하기는 어렵다. 자연 상태가 실제로 존재했다는 증거도, 기록도 없기 때문이다. 다만 '왕도 종교도 없던 시절에 사람들은 어떻게 살았을까' 하고 머릿속으로 한번 그려본 것이다.

왜 갑자기 한가롭게 자연 상태 같은 걸 상상했을까 의아하겠지만, 왕도 종교도 없던 자연 상태가 어떠했는가에 대한 논의는 결국 당시의 왕과 종교에 대한 이야기로 바로 연결되는 민감한 문제였다. 만약 자연 상태가 지금보다도 차라리 나았다고 주장한다면 현재의 권력에 대해 상당히 비판적인 입장에 서는 것이고, 반대로 자연 상태가 굉장히 괴로운 것이었다면 왕과 종교가 든든한 버팀목이 되는 현실이 고맙게 느껴질 것이기 때문이다.

영국의 철학자 홉스Thomas Hobbes는 자연 상태에 비판적이었다. 홉스는 인간이 아주 이기적인 존재라고 보았다. 그래서 법도 없고 국가도 없었던 자연 상태에서 인간은 이리나 늑대와 다름없이 서로 못 잡아먹어 안달이 났을 것이라고 생각했다. 홉스가 상상하기에 자연 상태는 '만인(萬人)의 만인에 대한 투쟁' 상태였으며 어느 누구도 생존을 보장할 수 없는 끔찍한 상황이었다.

그러므로 하루하루 살아남기도 벅찬 자연 상태를 극복하기 위해 사람들은 사회와 국가를 만들고 국가의 권력에 복종하기로 약속했다는 것이 홉스의 설명이었다. 그의 저서 《리바이어던*The Leviathan*》에서 제목인 '리바이어던'은 《구약성경》에 나오는 괴물로 강력한 국가 권력을 상징한다. 홉스는 강력한 국가 권력만이 사람들 사이의 혼란을 막을 수 있다고 생각했고, 똑똑한 지도자 한 명이 절대적인 지배권을 행사하는 것이 바람직하다는 결론에 도달했다.

결국 왕의 통치를 지지하는 쪽으로 결론을 짓긴 했지만, 홉스의 주장은 사람들이 자발적인 계약을 통해 사회를 만들었다는 이론에 토대를 두고 있었다. 또한 단순히 왕이 신의 권한을 물려받아 통치한다는 식의 주장을 거부하고 왕의 권력은 사람들이 자신들의 행복을 위해 동의해줬기 때문에 생겨난 것이라는 생각을 바탕으로 논의를 전개했다.

자연 상태에서 뿔뿔이 흩어져 제멋대로 살던 인간이 자발적으로 계약을 맺고 사회를 만들었다는 이론을 '사회계약론theory of social contract'이라고 부른다. 홉스는 《리바이어던》에서 국가를

이러한 주장을 왕의 권력은 신이 준 것이라는 의미에서 '왕권신수설divine right of kings'이라고 부른다. 영국의 정치사상가 필머Robert Filmer는 《가부장주의*Patriarcha*》에서 신이 세상을 아담에게 주면서 '가부장권'을 부여했으며, 마치 아버지가 가정에서 가족을 돌보듯 아담이 세상을 통치하게 했다고 주장했다. 또한 이 권한은 아담의 후손들에게 상속되었는데 왕이 바로 아담의 후손이므로 신을 섬기듯 왕에게 복종하는 것이 마땅하다고 설명했다. 지금 보면 전혀 말이 안 되지만 당시에는 상당히 강력하게 지지받은 이론이었다. 그런데 사실 왕의 권력이 당연하게 여겨질 때는 왕권신수설 같은 이론이 굳이 필요하지 않았다. 즉 왕권신수설이 등장했다는 자체가 사람들이 왕의 권력에 의문을 품기 시작한 증거라고 볼 수도 있다.

홉스의 《리바이어던》 속표지. 상단의 커다란 사람이 리바이어던이다. 상반신은 인간의 모습으로, 몸이 사람의 얼굴로 이루어져 있다.

왕의 소유물처럼 여기는 시각을 비판하고, 사회든 국가든 개인들이 계약을 통해 만들어낸 것이라는 '사회계약' 개념을 제시했으나 왕의 절대적인 권력을 함부로 부인하지는 못했다.

한편 영국의 철학자 로크John Locke는 자연 상태에 대해 홉스와 반대로 생각했다. 그는 인간은 원래 착하게 태어났으며 자연 상태에서도 적절한 자유를 누리며 행복하게 살았다고 주장했다. 그렇다면 왜 굳이 살기 좋은 자연 상태에서 벗어나 사회 상태로 옮겨오게 되었을까? 자연 상태가 좋긴 하지만 불안정하기 때문이다. 홉스의 말대로 끊임없이 아귀다툼이 벌어지지는 않았지만, 어쩌다가 누군가의 돌출 행동으로 마찰이 생겼을 때 상황을 수습하고 조정해줄 사람이 전혀 없는 것이 문제였다. 겉보기에는 평화로워 보이지만 잠재적인 위험이 늘 존재하는 것이다.

그러나 자연 상태가 불안정하다고 해서 왕이 권력을 독차지하는 것이 정당화되지는 않는다. 왕이 기분 내키는 대로 폭력을 행사한다면 위험이 잠재해 있는 자연 상태만도 못한 상황이 되기 때문이다. 로크는 이를 '스컹크나 여우를 피하려다 사자에게 잡아먹히는 격'이라고 비유했다. 그리하여 로크는 정치 체제로서 절대군주제 대신 의회민주주의를 지지했다.

홉스와 로크는 자연 상태를 보는 시각이 달랐고, 거기에서 말미암아 홉스는 왕을 지지한 반면에 로크는 의회를 지지하는 차이를 보였다. 그런데 이는 어느 정도 시대의 변화에 따른 것이기도 했다. 로크의 시대에는 이미 명예혁명Glorious Revolution으로 의회민주주의의 틀이 마련되었기 때문에, 국왕 편이 아니라 새롭게

영국의 제임스 2세는 의회를 무시하고 자신의 종교적 신념에 따라 가톨릭 부흥 정책을 밀어붙이다가 국민의 신뢰를 잃었다. 결국 1688년에 의회는 제임스 2세를 퇴위시키고 왕의 딸과 사위를 공동 통치자로 정하였으며, 1689년 〈권리장전〉을 제정하여 입헌군주제를 수립하였다. 절대왕정을 뒤흔든 이 혁명은 아무도 피 흘리지 않고 평화롭게 이루어졌기에 '무혈혁명'이라고도 불린다.

등장한 부르주아 세력의 편에 서서 의회를 지지하는 데 별다른 거리낌이 없었다.

두 사람의 뒤를 이어 등장한 루소는 사회계약론을 본격적으로 정립했다. 루소는 국가의 모든 기구와 제도가 사회계약을 바탕으로 하고 있음을 밝히면서 홉스와 로크보다 계약의 힘을 훨씬 더 폭넓고 강력한 것으로 보았다. '어떤 사회도, 어떤 국가도 사람들의 자발적인 계약 없이는 존재할 수 없다.' 이것이 바로 루소가 주장한 사회계약의 핵심이었다.

루소는 사회가 만들어진 것은 사람들이 최소한 한 번은 만장일치로 계약을 맺었기 때문이라고 주장했다. 그런데 자연 상태가 상상의 산물인 것처럼 자연 상태에서 논리적으로 유추된 사회계약

역시 눈으로 확인할 수 있는 것도 아니고 기록이 남아 있는 것도 아니다. 과연 아주 먼 옛날 원시인들이 모닥불 앞에 모여 앉아 사회를 만들 것인가 말 것인가 토론한 다음 만장일치로 사회를 만들기로 계약을 맺었는지 누구도 알 수 없다. 다만 논리적으로 따져 보았을 때 현재 우리가 사회를 이루어 살고 있다는 것은 사람들끼리 최소한 한 번은 만장일치로 약속을 했기 때문이라고 짐작할 뿐이다.

루소에 따르면 사회는 사람들이 아무렇게나 모인 집단이 아니다. 사회를 이루기 위해 사람들은 우선 자신의 모든 권리를 내놓는다. 각자 자신이 가지고 있는 모든 것을 사회에 내어놓아 똑같은 입장에 서게 된다. 이로써 사람들은 완전히 빈털터리가 되지만, 모두 빈털터리이기는 마찬가지기 때문에 누구에게도 지배를 받거나 복종을 강요당하지 않는다. 모두가 평등한 입장에서 사회의 보호를 받게 된다.

개인은 평등한 정치 참여를 위하여 자신의 모든 권리와 힘을 사회에 양도하는 대신 시민으로서의 자유를 보장받는다. 결과적으로 개인은 사회계약 이후에도 자연 상태에서와 마찬가지로 자유로우며 또한 더 높은 수준의 인간으로 한 단계 도약하게 된다. 루소는 사람들이 스스로 모여서 만든 사회 안에서 비로소 개인의 잠재력을 최대한 발휘할 수 있다고 생각했다.

개인보다 먼저 존재했던 사회

인간이 자연 상태에서 사회 상태로 넘어가는 모습을 상상한 사

회계약론은 1789년 프랑스혁명 이후 혁명을 낳은 사상으로 존중받으며 정점에 다다랐지만, 19세기에 들어서는 점차 힘을 잃게 되었다. 19세기 지식인들은 역사적 증거를 들이댈 수 없는 사회계약론을 과학적인 이론으로 인정하기를 꺼렸다. 단적으로 말해서 사회계약이란 몇 사람의 머릿속에서 그려낸 상상에 불과하다는 것이다.

또한 사회계약론은 자연 상태에서 사회보다 개인이 먼저 존재했다는 가정에서 출발하는데, 이것도 무척 의심스러운 이야기였다. 사회계약론은 자연 상태에서 뿔뿔이 흩어져 제각기 살던 개인들이 어떻게 모여서 사회를 만들었을까 하는 의문을 제기하고, 그에 대한 답으로 사회계약을 내놓는다. 그런데 과연 사람들이 자연 상태에서 고립된 개인으로 떨어져 살았을까?

어쩌면 인간은 인류가 탄생했을 때부터 공동체의 일원으로 존재했는지도 모른다. 인간이 한 사람 한 사람씩 개인으로 존재한다는 생각은 18세기에야 뒤늦게 등장한 것이다. 인간은 태어나면서부터 언제나 가족과 함께, 이웃과 함께, 동료와 함께 살았고 결코 고독한 존재가 아니었다. 《성경》의 기록대로라면, 아담이 혼자 있을 때는 사회가 아니었지만 하와와 둘이 함께 있게 된 순간부터 이미 사회는 존재했다고 이야기할 수도 있다.

그렇기에 19세기 들어, 홀로 제각기 살던 개인들이 어느 날 갑자기 모여서 사회를 형성했다는 식의 사회계약론에 의심 어린 눈길을 보내는 사람이 점점 늘어났다. 한 세기도 지나지 않아 사회계약론은 시대에 뒤떨어진 낡은 이론으로 취급 받았다. 그리고 개인보다 먼저 존재했던 공동체로서 사회를 재발견하려는 움직임이 일어나기 시작했다.

그러나 사회계약론이 인류의 역사에 미친 영향은 결코 무시할 수 없다. 태어나면서부터 누군가의 노예로 정해진 사람은 없으며, 사람들은 결코 어느 한 사람이 왕 노릇 하기 좋으라고 모여서 사는 것이 아니라는 점을 분명히 밝혔기 때문이다. 사회계약론은 급격히 힘을 잃었지만 '사회는 동등한 권리를 가진 사람들이 공동의 이익을 위해 자발적으로 모인 것'이라는 아주 단순한 사실만큼은 누구도 부인할 수 없었다.

홍길동은 어떤 사회를 꿈꾸었는가

허균(許筠), 《홍길동전(洪吉童傳)》(1612년경)

《홍길동전》에는 여러 판본이 있다. 17세기에서 19세기까지 2백 년에 걸쳐 경판본, 완판본, 방각본, 세책본 등이 발간되었으며, 같은 시기에 나온 판본도 내용이 서로 조금씩 다르다. 게다가 오늘날에도 《홍길동전》은 소설, 영화, 드라마, 애니메이션 등으로 끊임없이 다시 쓰이고 있다. 소설가 정비석은 《홍길동전》을 다시 쓰는 이유를 다음과 같이 밝히기도 했다.

> 고전 《홍길동전》은 그 내용이 매우 허황하여 과학 정신을 숭상하는 현대인으로서는 간단히 수긍하기 어려운 점이 한두 가지가 아니다. 게다가 홍길동이 활약하던 시대가 조선 오백 년 중에서도 가장 태평세월이었던 세종대왕 때로 되어 있는 점도 커다란 불만 중에 하나다.

《홍길동전》의 배경이 세종대왕 시대라는 사실에 후세 사람들은 상당히 당혹스러워했다. 그래서 새로 쓴 홍길동 이야기들은 대부분 시대 배경을 연산군 치하로 고쳤다. 그러나 광해군 시대의 저자가 일부러 2백여 년 전인 세종 때를 무대로 택한 데에는 깊은 뜻이 숨어 있을 수 있다. 저자는 임금 개인이 착하거나 똑똑한 것과 무관하게 적서 차별, 탐관오리의 약탈 등 사회 문제가 엄연히 존재한다는 사실을 보여주려고 했던 것이 아닐까?

또한 《홍길동전》을 현대적으로 고쳐 쓴 이야기들은 대부분 등장인물과 사건을 구체화하고 각각의 개연성을 높이는 데 초점을 맞추었다. 그런데 이처럼 '말이 되는' 현대판 홍길동보다 '말이 되지 않는' 고전의 홍길동이 훨씬 더 매력적으로 느껴지기도 한다. 이는 아마도 그 시대 사람들이 품었던 꿈이 이야기 속에서 생생하게 꿈틀거리고 있기 때문일 것이다.

사회라는 말이 없던 시절에 《홍길동전》의 저자가 꿈꾼 사회는 우선 신분에 따른 차별이 없는 사회였다. 홍길동은 비바람을 자유자재로 일으키며 귀신을 부리는 능력을 지녔지만, 서자로 태어났다는 이유 하나만으로 아버지를 아버지라 부르지 못하고 형을 형이라 부르지 못하는 비참한 신세다. 결국 그는 집을 떠나 도적떼의 수령이 될 수밖에 없었다. 저자는 등장인물의 말을 빌려 "왕후장상(王侯將相)에 어찌 씨가 있겠습니까?" 하고 묻는다.

그러나 사실 홍길동이나 그가 이끌던 활빈당(活貧黨)에서 조선을 신분 차별이 없는 사회로 만들겠다는 의지를 발견하기는 어렵다. 길동은 유교 윤리에 따라 부모에 효도하고 임금에 충성하기를 원하는 그 시대

의 평범한 젊은이였다. 비록 서자라는 신분 때문에 도적떼에 몸을 담기는 했으나 탐관오리를 징벌하고 재물을 빼앗아 가난한 백성에게 나누어 주는 것은 모두 임금을 위한 일이었다.

홍길동은 병조판서가 되는 것이 평생소원이었고 결국 소원을 성취한다. 그러나 자신이 꿈꾸는 사회와 거리가 먼 조선에 오래 발붙이지 못하고 떠나고 만다. 길동은 스스로 율도국의 왕이 된다. (그런데 고전 《홍길동전》에서 길동은 평화로운 율도국을 아무 이유 없이 침략하여 빼앗는다. 그래서 동화책에서는 보통 길동이 아무도 살지 않는 섬에 율도국이라는 나라를 세우는 것으로 내용이 바뀌기도 한다.)

완판본에는 다음과 같이 율도국이 묘사되어 있다.

새 왕이 등극한 후에 시절이 태평하고 해마다 풍년이 들어 나라가 조용하고 백성이 평안하다. 임금의 덕과 어진 가르침이 나라 안에 고루 퍼지니 길에 물건이 떨어져 있어도 제 것이 아니면 줍는 사람이 없다.

사람들의 삶이 넉넉하고 평안하여 길에 물건이 떨어져 있어도 제 것이 아니면 줍지 않는 사회. 이것이 단순하지만 홍길동이 꿈꾼 사회, 그리고 《홍길동전》의 저자가 생각한 이상적인 사회였다. 시대를 막론하고 현실에 불만을 느끼며 새로운 사회를 꿈꾸는 사람이 있는 한 《홍길동전》은 끊임없이 읽히고 다시 쓰일 것이다.

사회는 끊임없이 변한다

우리나라에서는 1890년대 후반 서구 열강의 틈에서 나라가 위태롭던 시기에 처음 '사회' 라는 단어가 지식인들의 입에 오르내리기 시작했다. 그런데 사회를 말하는 사람들은 점점 늘어났으나 사회의 뜻은 여전히 명확하지 않았다. 사회는 단지 사람들이 자발적으로 만든 단체만 가리키는 단어가 아니었다. 어떤 사람은 '자연' 에 대비되는 말 정도로 생각했고, 어떤 사람은 '국가' 와 비슷한 말 정도로 받아들이기도 했다.

1장에서 살펴보았듯이 인간이 사회를 만들었다면, 사회는 자연에 대비되는 개념이라고 볼 수 있다. 18세기 사회계약론에서도 자연 상태와 사회 상태를 뚜렷하게 대비시켰다. 오늘날에도 '자연의 힘' 은 천재지변을 낳을 수도 있는 대자연의 위력을 뜻하는 반면, '사회의 힘' 은 여러 사람들이 서로 도우며 힘을 모으는 것을 뜻한다.

그렇다면 사회는 자연의 반대말일까? 19세기에 본격적으로 사회를 연구하기 시작한 사람들에게는 꼭 그렇지만은 않았다. 사회와 자연의 관계는 단순한 대립 관계가 아닌, 훨씬 더 복잡한 것이었다.

1. 사회는 진화한다는 믿음

사회라는 단어가 일본에서 들어온 후, 〈독립신문〉 같은 언론뿐만 아니라 지식인들도 여러 모임이나 연설회에서 사회라는 단어를 사용했지만, 어색한 느낌이 계속 남아 있었다. 이 말 저 말에 사회를 갖다 붙이긴 했지만 누구도 그 뜻을 자신 있게 설명할 수 없었기 때문이다. 또한 일반인들은 조선 전국(全國)이나 경향(京鄕)

각처, 방방곡곡, 민간(民間)과 같이 예전부터 쓰던 단어를 사용해도 사는 데 전혀 지장이 없었다. 즉 사회라는 단어는 아직 지식인들의 유행어일 뿐이었다.

한참 사회라는 단어가 유행할 대로 유행하고 난 다음에야 뒤늦게 "요즘 자주 들리는 사회라는 말이 도대체 무슨 뜻이지" 하고 질문하는 사람이 나타났다. 사회상, 사회의 진보, 사회의 공익 같은 말을 별 고민 없이 쓰다가 "그런데 도대체 사회라는 말이 정확하게 뭘 가리키는 거지"라고 묻기 시작한 것이다.

이러한 질문에 처음으로 제대로 된 답을 시도한 사람은 이인직이다. 신소설 《혈의 누》의 작가로도 유명한 이인직은 1906년 《만세보》 창간호에 '사회'라는 제목의 논설을 발표했다. 그는 이 논설에서 최초로 사회라는 개념을 설명하려고 했으며 더 나아가 사회라는 말을 적극적으로 활용하자는 제안까지 했다.

이인직은 신소설을 개척한 소설가 겸 언론인이다. 《혈의 누》, 《귀의 성》, 《모란봉》 등의 신소설 작품에서 사실적 문장을 구사하며 개화사상을 고취했다. 그러나 이들 작품에서 노골적으로 친일 의식을 내비쳤고, 주권을 일본에게 빼앗길 무렵에는 이완용의 심복으로 활약했다. 이후에도 다이쇼(大正) 일본왕 즉위식에 헌송문(獻頌文)을 바치는 등 죽을 때까지 철저하게 친일파로 살다가 장례도 일본식으로 치렀다.

> 사회란 것은, 오랜 세월 동안 하나의 사회가 이루어질 수도 있으며 순식간에 생겨날 수도 있다. 옛날에 나무뿌리나 과일을 먹고 계곡물을 마시며 사는 야만인의 시대도 사회라고 칭할 수 있으며 오늘날 기차에 함께 탄 사람들 몇 명을 두고 나름대로 하나의 사회로 단결하였다고도 할 수 있다.
>
> 이인직, 〈사회〉, 《만세보》 창간호(1906).

이렇듯 이인직은 사회를 아주 오래되고 거대한 단체에서부터 매우 일시적이고 작은 단체까지 모두 한데 묶는 개념이라고 설명했다. 한마디로 사회는 '다양한 인간 집단' 이라는 것이다. 그런데 사회는 다양한 인간 집단이라니, 이 정도 설명을 누가 못하랴 싶기도 하다.

사실 사회라는 복잡다단한 개념을 한마디로 정의 내리는 것은 너무나 어려운 일이다. 1장에서 우리는 사회를 '공익을 위한 자발적인 모임' 이라고 정의 내렸다. 여기서 알 수 있었던 것은, 사회가 개인의 이익이 아니라 공공의 이익을 위한다는 점과 강제적이 아니라 자발적인 모임이라는 사실이었다. 이인직의 정의에서는 '다양성' 이라는 사회의 또 다른 특징이 중요하게 지목되고 있다. 이처럼 사회의 의미를 한마디로 명쾌하게 정리하는 작업은 결국 가장 중요하다고 생각되는 특징을 강조하는 데 그치기 십상이다. 그러므로 사회를 제대로 이해하기 위해서는 그럴듯한 한마디로 정의 내리기보다 사회가 어떤 속성들을 가지고 있는지 좀 더 자세하게 살펴볼 필요가 있다.

동아시아를 휩쓴 사회진화론

스펜서.

19세기 말 우리나라에 사회라는 단어가 번역되어 들어온 것과 거의 동시에, 사회에 대한 서구의 이론들도 조금씩 수입되어 들어오고 있었다. 18세기의 사회계약론을 비롯하여, 19세기에 서구에서 큰 논란을 불러일으킨 이론들이 다양한 경로로 소개되었다. 그 중에서도 당시 우리나라뿐만 아니라 동아시아 일대에 가장 큰 영향을 미친 서구의 사회 이론은 단연 '사회진화론' 이었다.

사회진화론을 하나의 이론으로 완성한 사람은 영국의 사회학자 스펜서Herbert Spenser다. 그는 사회를 생물유기체와 마찬가지라고 보고 사회의 발전을 진화(進化) 개념으로 설명했다. 즉 동물이나 식물이 단순한 형태에서 복잡한 형태로 진화하는 것처럼 사회도 저급한 사회에서 고급한 사회로, 단순한 사회에서 복잡한 사회로 진화한다는 것이다. 이러한 생각은 다윈Charles R. Darwin이 《종의 기원*On the Origin of Species*》에서 밝힌 생물진화론의 영향을 크게 받은 것이기 때문에 '사회다윈주의Social Darwinism'라고도 불린다.

《종의 기원》은 1859년에 초판이 나오고 1872년에 최종개정판이 나왔다. 다윈이 풍부한 자료를 통해 자연에서 '적자생존의 법칙'과 '생존투쟁에 의한 생물의 진화'를 증명한 것이 사회진화론에 큰 영향을 미치긴 했지만 중세에도 이미 '자연계든 인간 세상이든 강자가 약자를 도태시키는 것이 하나님의 섭리'라는 말이 떠돌았다고 한다.

사회진화론자들은 자연에서 적자생존(適者生存), 약육강식(弱肉强食), 자연도태(自然淘汰)가 일어나는 것처럼 사회에서도 똑같은 현상이 벌어진다고 주장했다. 그들이 보기에 사회는 정글처럼 '힘이 곧 정의'인 곳이다. "천 권의 만국공법(국제법) 책이 대포 한 문(門)보다 못하다"라는 말이 진실이 되며, 강한 나라가 약한 나라를 지배하는 것이 당연한 것이다. 문명화된 국가와 인종은 도덕, 종교, 정치를 비롯한 모든 면에서 우월하고, 문명화되지 못한 국가와 인종은 모든 면에서 열등하기 때문이다.

힘 앞에서는 아무리 좋은 말도 소용이 없다는 뜻으로, 일본 근대화의 선구자인 후쿠자와 유키치(福澤諭吉)의 말이다. 구한말 개화파 지식인들이 속담처럼 자주 인용했다.

일본에 최초로 사회진화론을 소개한 사람은 19세기 말에 동경제국대학에 초청되어 생물학을 강의한 미국인 모스Edward S. Morse였다. 모스 교수의 강의는 일본 학계에 엄청난 반향을 불러일으켰고 그의 강의를 들은 학생들은 하루아침에 세계관이 바뀌는 충격을 받았다. 그의 강의에 감동받은 사람들 중에는 조선인도 있었다. 당시 동경에서 유학 중이던 유길준 또한 모스 교수의 강의를 몇 차례 청강할 기회를 가졌다.

유길준의 미국 유학을 후원한 사람은 온건 개화파인 민영익이었다. 1884년 12월 4일 김옥균이 이끄는 급진 개화파가 갑신정변을 일으키면서 자신들과 대립하던 민영익을 암살하려 했으나 중상을 입히는 데 그쳤다. 유길준은 후원자가 변을 당하자 대학 진학을 포기하고 귀국했는데, 귀국하자마자 체포되어 7년간 집에 갇혀 살아야 했다. 그런데 이는 사실 수구파로부터 유길준을 보호하기 위한 고종의 특별 조치였다고 한다.

그런데 유길준과 모스 교수의 인연은 일본에서 끝나지 않았다. 조선 최초로 미국을 방문한 사절단의 일행이 된 유길준은 미국에서 다시 모스 교수를 만날 수 있었다. 그는 모스 교수를 스승으로 삼아 대학 입학을 준비하는 예비학교에서 공부하다가 갑신정변(1884)이 일어나는 바람에 예정보다 일찍 귀국했다. 그리 길지 않은 만남이었지만 사회진화론을 습득하기에는 충분한 시간이었다. 이미 《경쟁론》이란 책에서 사회진화론의 원리를 정리한 바 있는 유길준은 《서유견문(西遊見聞)》을 통해 서양의 앞선 문화와 제도를 하루빨리 받아들여야 한다고 주장했다.

이처럼 사회진화론은 일본과 조선에 약간의 시차를 두고 들어왔는데, 당시 문명개화를 추구하던 조선의 지식인들은 사회진화론을 열렬히 환영했다. 그들은 약육강식과 힘의 논리만이 인정되는 사회진화론에 비추어 인종이나 국가 간의 갈등을 이해했다. "우리가 못나서 당하고 사는구나" 하고 한탄하면서 "그동안 계속 약자의 입장에 있었지만 이제부터라도 서구 사회를 닮아서 강자가 되자"고 힘껏 다짐했다.

그런데 경쟁과 우열을 강조하는 사회진화론은 사실 조선 시대의 보편적인 유교 도덕과는 상당히 충돌하는 것이었다. 늘 군자의 도리나 인의예지(仁義禮智)를 중시하던 고상한 선비가 하루아침에 동물세계의 적자생존, 약육강식을 떠드는 것이 쉬운 일은 아니었다. 그러나 실제로 사회에 약육강식의 법칙이 그대로

조선 최초로 미국 등 서방 세계에 파견된 사절단인 보빙사(報聘使). 1883년 7월에 조선을 출발, 샌프란시스코를 거쳐 미 대륙을 횡단하여 뉴욕에서 당시 미 대통령 체스터 A. 아서와 회동하고 국서를 전한 다음 귀국했다. 수행원 중의 한 사람이었던 유길준은 귀국하지 않고 보스턴에 남아 유학했다. 뒷줄 왼쪽에서 세 번째가 유길준.

적용되고 있는 상황에서 더 이상 성인군자 타령만 하고 있을 수는 없었다. 그래서 유교 이념도 현실에 맞춰 새롭게 해석되었다. 《논어》의 '군자는 원래 다투는 바가 없다(君子無所爭) 다만 꼭 다퉈야 할 경우가 있다면 활쏘기 시합일 것이다(必也射乎)' 라는 구절을, 유길준은 《경쟁론》에서 "공자님도 경쟁이 좋은 일이라고 말씀하셨다"고 해석할 정도였다.

'경쟁(競爭)' 역시 '사회'와 마찬가지로 일본을 통해 들어온 번역어다. 이 단어는 유길준의 《경쟁론》을 통해 처음 우리나라에 소개되었다.

유길준이 1889년에 완성하고 1895년에 일본에서 출간한 《서유견문》은 후쿠자와 유키치의 《서양사정(西洋事情)》에서 많은 영향을 받았다. 제목만 보면 기행문이나 견문기 같으나 일종의 개화 소개서에 가깝다. 총 20편으로 구성되어 있는데, 제1편부터 18편까지 세계 지리와 서양 문물을 소개하며 19, 20편은 미국과 유럽의 대도시에 대한 내용이다.

강한 국가를 위한 사회진화론

사회진화론은 유길준과 윤치호 같이 일본이나 미국에서 유학한 지식인들에 의해 국내에 소개되었고 〈독립신문〉에도 이에 대한 논설이 많이 실렸다. 그런데 사회진화론이 거의 상식으로 여겨질 만큼 우리나라에 널리 퍼지게 된 데는 사실 중국의 지식인인 량치차오(梁啓超)의 역할이 컸다. 즉 우리나라에서 크게 유행한 사회진화론은 서구에서 직접 수입된 것이 아니라 량치차오를 거쳐서 들어온 것이었다.

뒤에서 좀 더 살펴보겠지만, 스펜서가 확고하게 틀을 다진 서구의 사회진화론에서는 국가를 그다지 중요하게 생각하지 않았다. 스펜서는 이미 튼튼한 근대국가를 이루고 있는 상태에서 국가도 함부로 건드리지 못하는 '개인의 자유'를 적극적으로 지키려고 했다. 그래서 서구에서는 주로 가난한 자는 자기가 열등한 탓이니까 국가가 일부러 도와줘서는 안 된다는 식의 논리로 사회진화론을 들먹이는 경우가 많았다. 잘난 자는 잘난 대로 살고 못난 자는 못난 대로 살게끔 내버려두라는 식이었다.

그런데 일본에 망명한 중국인으로서 이 빠진 호랑이 신세 같은 중국을 보며 가슴 아파했던 량치차오는 서구의 사회진화론을 조금 다르게 받아들였다. 그는 사회진화론을 힘세고 부유한 나라를 만들기 위한 국가사상으로 이해했다. 그리하여 '힘센 국가를 만들기 위해 모든 국민들이 다 같이 힘을 모아야 한다'는 주장으로 나아갔다.

개인이 국가를 위해서 존재하는 것일까, 국가가 개인을 위해서 존재하는 것일까? 량치차오는 조금도 망설임 없이 개인이 국가를 위해서 존재한다고 못 박았다. 그를 통해 들어온 사회진화론에 따르면 국가 간의 먹고 먹히는 경쟁은 피할 수 없으며 국가의 생존을 위해서 개인은 마땅히 자신을 희생해야만 했다.

그러므로 량치차오는, 미국 독립혁명의 지도자 헨리Patrick Henry가 설파한 '자유가 아니면 죽음을 달라'는 유명한 격언을

중국의 개화사상가인 량치차오는 스승인 캉유웨이(康有爲)와 함께 변법자강(變法自强) 운동을 일으켰다. 황제(광서제)는 이들의 변법자강 계획을 받아들여 일본의 메이지유신을 본뜬 근대적인 제도 개혁에 나섰는데, 서태후를 중심으로 한 수구파 세력의 쿠데타로 실패했다. 일본으로 도피한 량치차오는 망명 중에도 언론 활동을 통해 중국의 젊은 이들에게 큰 영향을 미쳤으며, 1912년 중화민국이 성립되자 중국으로 돌아왔다. 오늘날 중국인들이 자신들을 높여 부르는 '중화(中華)'라는 개념을 최초로 고안한 사람이기도 하다.

인용하면서도 "개인의 자유는 야만의 자유일 뿐이다. 문명 시대의 자유는 무엇보다도 집단을 위한 자유다"라고 하며 국가를 위해 개인이 희생할 것을 강요했다. 이처럼 량치차오가 애국 사상으로 바꿔놓은 사회진화론은 조선의 지식인들에게 큰 감명을 주었다. 제대로 된 국가를 가지지 못하는 비참한 처지에서 량치차오의 사회진화론은 새로운 시대의 복음처럼 들렸던 것이다.

그러나 이런 주장은 힘을 길러 국가를 되찾자는 운동으로 발전하는 한편, 다른 한편으로는 일본에 이용되기도 했다. 이광수와 같은 친일파 지식인은 '힘만 믿고 약자를 괴롭히는 백인들'에 맞서 '도의(道義)를 위하는 우리 대일본제국'을 위해 다 같이 힘을 모으자고 외쳤다. 개인이 국가를 위해서 희생하는 것은 당연한데, 그 국가가 망해버린 조선인지 일본 제국인지 헷갈리고 만 것이다.

2. 사회를 연구하는 학문의 등장

그렇다면 20세기 전후로 우리나라뿐만 아니라 일본과 중국 등 동아시아 일대를 강력하게 사로잡은 사회진화론은 어떻게 세상에 등장했을까? 사회진화론은 프랑스혁명 이후 사회의 진보와 질서에 대한 관심이 팽배했던 분위기 속에서 탄생했다.

1789년 7월 14일에 군중이 바스티유 감옥을 습격한 사건을 기점으로 프랑스혁명이 시작되었다. 프랑스 전역으로 시위가 번졌

프랑스혁명 당시 혁명의 정신을 상징하는 삼색기(초창기 형태)를 들고 있는 한 공화주의자의 초상.

고 놀란 귀족들은 독일, 네덜란드, 영국 등으로 도망쳤다. 당시 국왕이었던 루이 16세는 "나는 죄가 없다"고 외쳤지만 단두대의 칼날을 피할 수 없었다. 왕을 죽인 군중은 혁명에 반대하는 외국 군대의 침략에 맞서야만 했다. 1792년에 시작된 전쟁은 1815년까지 계속되었고, 결국 프랑스 국민들이 유럽의 왕과 귀족들을 이겼다.

혁명 후 프랑스는 하루도 조용할 날이 없었다. 정권은 계속 바뀌었고 수많은 폭동과 반란, 대중 봉기가 일어났다. 사람 사는 일이 늘 똑같을 줄 알았는데 하루아침에 세상이 달라지는 체험을 하게 된 지식인들은 충격에 휩싸였고, 비로소 '사회 변동'에 대해서 관심을 갖기 시작했다. 사회는 가만히 있는 것이 아니라 끊임없이 변화하는 것임을 깨달은 것이다.

혼란 속에서 더 큰 변화와 발전을 바라는 마음과 '이제 그만' 하는 심정으로 평화와 안정을 바라는 마음이 부딪쳤다. 버크 Edmund Burke로 대표되는 보수주의 사상가들은 프랑스혁명 이후 벌어진 무질서에 큰 충격을 받고 그 이전의 계몽사상까지 부정적으로 평가할 정도로 질서와 안정을 추구했지만, 공포정치를 실시한 로베스피에르Robespierre나 인류 최초로 공산주의 사회를 꿈꿨다고 평가될 만큼 철저한 평등주의 개혁을 기도한 바뵈프 François Babeuf 같은 혁명가들에게는 진정한 혁명의 길이 여전히 멀기만 했다.

그러한 혼란스러운 시대에 오늘날 '사회학의 아버지'라 불리는 콩트Auguste Comte는 인류의 지금까지의 발전 과정을 설명하고 앞으로의 진행 과정을 예견할 수 있는 학문을 만드는 것을 목표로

로베스피에르.

바뵈프.

삼았다. 이 새로운 학문을 그는 처음에 '사회물리학'이라고 이름 붙였다. 자연을 대상으로 한 물리학처럼 사회를 대상으로 하는 물리학이 가능하다고 생각했기 때문이다.

콩트는 뉴턴과 같은 자연과학자들이 자연현상을 관찰하여 어떤 법칙을 발견한 것처럼 사회를 연구함으로써 법칙을 발견할 수 있다고 믿었다. 당시 자연과학은 이미 사과가 나무에서 떨어지는 현상에서부터 행성의 움직임까지 수많은 자연현상의 기본 법칙을 발견해내고 있었다. 그는 자연보다 사회가 훨씬 복잡하기는 하지만 기본 법칙에 따라 움직이기는 마찬가지라고 생각했다.

그러므로 콩트는 물리학자이되 자연이 아니라 사회를 연구하는 물리학자가 되려고 했다. 그런데 얼마 지나지 않아 자신이 처음 생각해낸 '사회물리학'이란 명칭을 벨기에의 어떤 학자가 가로채려 한다는 의심이 든 콩트는 다른 용어를 지어냈다. '사회학'이라는 용어는 이렇게 해서 세상에 등장했다.

콩트는 사회물리학이란 용어가 벨기에의 통계학자 케틀레Adolphe Quetelet(통계학을 과학으로 체계화한 업적으로 유명하다)에게 도용되고 있다고 생각했다. 그래서 그는 '친구, 교제'를 뜻하는 라틴어 socio와 학문을 뜻하는 그리스어 logos를 결합시켜 '사회학sociologie'이란 용어를 만들어냈다.

그렇다면 최초의 사회학자인 콩트는 어떤 법칙들을 발견해냈을까? 그는 우선 큰 원숭이에 지나지 않았던 인간이 어떻게 문명화된 유럽인이 되었는지, 그 변화 과정을 설명하기 위해 인류의 '3단계 진화 법칙'을 제시했다.

순서	명칭	시기별 구분	지배층	중요한 사회단위
1	신학적 단계	먼 옛날	사제와 군인들	가족
2	형이상학적 단계	중세와 르네상스 시대	성직자와 법률가	국가
3	실증적 단계	이제 막 시작된 시대	산업경영자와 과학자	전 인류

3단계 진화는 그 명칭에서 알 수 있듯이 물질적인 진화가 아니라 정신적인 진화다. 먼 옛날 단순했던 시대에는 신학(神學)이 가장 중요한 학문이었으며 사제와 군인들이 지배했지만, 지금은 과학적인 증거 없이는 아무런 이야기도 할 수 없는 실증(實證) 과학의 시대로서 산업경영자와 과학자의 가르침에 의해 지배된다.

과연 이 법칙 어디에 실증적인 추론과 관찰이 들어 있는 것일까? 얼핏 보기에는 콩트가 소파에 누워서 상상해낸 이론으로밖에 보이지 않는다. 그리고 산업경영자와 과학자가 새로운 시대의 지배층이 된다는 주장은 그저 그의 희망사항 같기도 하다. 아무튼 콩트는 여기에 인구 증가가 그 주요 요인이고, 분업(分業)이 사회 진화의 중요한 추진력이 되었다는 등 좀 더 그럴듯한 설명을 덧붙였다.

단계와 서열을 나누기 좋아했던 콩트는 학문도 위아래를 정해줬는데 이는 인류의 3단계 진화 법칙과 밀접한 연관이 있다. 그에 의하면 우선 가장 단순한 천문학이 제일 먼저 발달한다. 그 다음으로 물리학, 화학, 생물학 같은 좀 더 복잡한 자연과학들이 발달한다. 사회과학은 가장 복잡하고 어렵기 때문에 다른 과학들이 충분히 발전한 다음에야 등장할 수 있다. 사회과학의 대표인 사회학은 그 중에서도 꼭대기에 우뚝 서 있다.

그런데 사회학은 홀로 서 있는 것이 아니라 그 이전 자연과학들에 상당히 의존하고 있는데, 특히 바로 아래 단계에 있는 생물학에 크게 빚지고 있다. 현상을 가장 작은 조각으로 쪼개가며 연구하는 물리학이나 화학과 달리 생물학은 생물 그 자체를 전체로 보고 연구한다. 사회학은 생물학의 이런 속성을 물려받아 사회를 하나의 생물유기체처럼 보고 전체를 한꺼번에 연구한다. 콩트는 '사회를 부분으로 나누어 따로 연구한다면 과학적인 연구가 불가능하다'는 확고한 믿음을 가지고 있었다.

콩트는 개인을 사회의 최소 단위로 보는 것에 반대했다. 그가 보기에 사회의 가장 작은 단위는 가족이다. 생물유기체의 내부가 혈관과 신경으로 한 군데도 빠짐없이 연결되어 있는 것처럼 사회도 연결되어 있다. 혈관과 신경처럼 사회를 하나의 유기체로 결합시키는 것은 바로 언어와 종교이다.

이처럼 사회를 생물유기체처럼 보는 시각을 '사회유기체론'이라고 한다. 콩트의 뒤를 이어 등장한 스펜서 역시 사회학은 오직 자연 법칙, 진화 법칙에 기초를 둘 때에만 진정한 과학이 될 수 있다고 굳게 믿었다. 그런데 콩트와 스펜서의 사회유기체론에는 다소 차이가 있었다. 콩트는 하나의 생물처럼 유기적으로 결합된 사회에서 개인이 사회에 복종하는 것이 당연하다고 생각했지만, 스펜서는 그저 '더불어 사는 것이 떨어져 사는 것보다 개인에게 이롭기 때문'에 사회가 존재하는 것이라고 주장했다.

스펜서는 사회가 하나의 유기체이긴 하지만 매우 느슨하게 결합되어 있다고 보았다. 생물의 각 부분은 눈에 띄게 아주 구체적으로 묶여 있지만, 사회유기체의 성원들은 언어를 통해 다소 광범위하고 추상적으로 연결되어 있다는 것이다.

그런데 이 정도로 사회를 하나의 유기체라고 이야기할 수 있을까? 사회유기체론은 기본적으로 개인주의보다 집단주의와 잘 어울린다. 사회가 하나의 유기체라면 서로 떨어질 수 없는 각 부분인 인간들이 타인을 자신처럼 아끼고 살피며 살아야 하지 않겠는가? 그러나 스펜서는 개인주의적인 성향을 결코 포기할 생각이 없었다. 콩트가 사회의 법칙을 발견하기 위해 노력한 것은 사람들이 사회 안에서 집단적으로 적절하게 행동하는 방법을 찾기 위한 것이었지만, 스펜서는 반대로 집단적으로 행동하지 않는 방법을 찾으려 했다.

콩트에게 사회학은 사회에 대한 실증적인 과학인 동시에 사회를 구원하는 방법이기도 했다. 실증적인 과학이자 인류에게 구원이 되는 학문, 사회의 진보와 질서를 동시에 가져올 수 있는 학문이라는 어마어마한 목표에 눌려 콩트는 혼란에 빠졌다. 그래서 말년에 그는 사회학자를 그만두고 '인류교' 라는 종교를 창시하여 교주가 되었다.

반면 스펜서는 사회유기체론과 자신의 개인주의적인 성향이 대립되는 지점을 적당히 얼버무리고 넘어갔다. 대신 자연의 법칙을 사회에 그대로 적용하는 데 몰두했다. 그는 콩트처럼 사회를 구원해야 한다는 의무감을 느끼지 않았다. 자연에서 우월한 생물만 살아남아 진화하듯 사회도 가만히 두면 저절로 진화한다고 생각했다. 인간이 괜히 자연에 간섭했다가 큰 재난을 불러일으킬 수 있는 것처럼 사회의 법칙을 발견하되 그 법칙이 그대로 실현될 수 있도록 건드려서는 안 된다는 논리였다.

인간이 괜히 건드려서는 안 되는 사회의 법칙이 무엇일까? 스펜서에 따르면 그것은 바로 '적자생존의 법칙' 이었다. 잘난 사람은 잘 살고 못난 사람은 못 사는 게 당연한데, 정부가 괜히 개입해서 못난 사람을 돕기 시작하면 문제가 생긴다. 잘난 사람은 허탈해지고 못난 사람은 노력하려 하지 않기 때문이다. 이 적자생존의 법칙이 바로 사회진화론의 핵심이었다.

사물의 자연적 질서 아래 병들고 열등하며 느리고 우유부단한 자들을 사회 스스로 끊임없이 배제시켜 나간다는 사실을 알지 못한 채, 비록 뜻은 좋으나 생각이 모자란 사람들이 정부의 간섭을 찬양하고 있다. 그러나 이러한 간섭은 자연스러운 정화 과정을 방해하며 지금까지의 정화 역시 무효화시킬 수 있다. 즉 무모하고 열등한 사람들에게 대책을 제공함으로써 그들을 격려하는 반면, 유능하고 똑똑한 사람들에게는 가족을 부양하는 어려움을 증대시켜 용기를 꺾는 것이다.

스펜서, 《사회정학*Social statics*》(1851).

스펜서는 정부가 복지 제도 등을 통해 가난한 사람들을 도우려는 것을 비판했다. 정부의 간섭은 자연과 사회의 기본 법칙인 적자생존의 법칙을 억지로 거스르는 것이기 때문이다. 그는 사회가 발달할수록 최고의 지식인, 문명인들만 생존경쟁에서 살아남는 상황을 이상적으로 생각했고, 경쟁력이 없는 사람들은 사회에서 사라져야 마땅하다고 생각했다. 이런 주장은 누구나 예상할 수 있듯이 지배층과 부자들의 열렬한 환영을 받았다.

동물과 다를 바 없이 동굴에 살면서 물고기나 잡아먹던 원시 사회에서 시작해 19세기 유럽의 눈부신 산업 사회에 도달한 인류의 역사는 그야말로 아름다운 성공 스토리로 여겨졌고, '진화' 라는 단어로밖에는 달리 설명할 말이 없는 듯했다. 콩트의 3단계 진화 법칙과 스펜서의 사회진화론은 당시 사람들이 듣고 싶었던 달콤한 칭찬과 같았다. 특히 물질적으로 만족하고 있던 부자들에게는 도덕적인 만족감까지 안겨주었다. 뛰어난 사람이 사회에서 성공하는 것이 사회과학의 실증적인 연구에 비추어보아도 확고한 기본 법칙이라는데 더 이상 무슨 할 말이 있겠는가.

3. 천의 얼굴을 한 사회

그렇다면 과연 사회의 법칙과 자연의 법칙이 같을까? 아니, 어느 정도 비슷하기는 할까? 아니, 그 전에 과연 사회에 자연과 마찬가지로 일반적인 법칙이 존재하기는 할까? 사실 콩트와 스펜서는 이러한 질문에 먼저 답을 해야만 했다. 그러나 그들은 과감하게 사회 이론부터 만들고 보았다.

애초에 사회를 자연과 같은 방식으로 연구할 수 있다는 믿음부터 되짚어볼 필요가 있다. 사회는 자연처럼 현미경이나 천체망원경으로 관찰할 수 있는 대상이 아니다. 실험실에 수많은 사람들을 붙잡아두고 몇 십 년에 걸쳐 실험을 할 수도 없다. 사회과학은 사회과학 나름의 독특한 연구 방법이 필요하다. 이후 점차 발달하게 된 여론 조사나 다양한 통계 방법, 정신분석, 역사적 자료를 통한 연구, 비교 연구 등은 이와 같은 문제의식에서 나올 수 있었다.

그런데 중요한 사실은 콩트와 스펜서의 이론이 사실인지 아닌지와 상관없이 사회에 막강한 영향을 끼쳤다는 점이다. 적자생존의 법칙이 과연 사회의 기본 법칙인지는 의심스럽지만, 그들이 그렇게 주장함으로써 실제로 사회에 적자생존의 법칙이 강하게 뿌리 내렸다. 20세기를 전후하여 유럽은 사회진화론의 광풍(狂風)에 휘말리고 말았다.

'25시'는 최후의 시간에서 한 시간 더 지난 시간으로, 구세주가 다시 와도 어쩔 수 없는 절망의 시간을 의미한다. 즉 소설의 제목에서부터 인간적인 가치를 상실한 서구 문명을 강력하게 비판하고 있다.

루마니아의 작가 게오르규C. V. Gheorghiu의 소설 《25시 *Vingt-cinquiéme heure*》에서 주인공이 처한 어처구니없는 상황은 사회진화론이 유럽에 남긴 상처를 여실히 보여준다. 루마니아의 순박한 농부인 모리츠는 유대인이라는 누명을 쓰고 강제노동수용소로 끌려간다. 그가 아무리 유대인이 아니라고 주장해도 아무도 믿어주지 않는다. 그러다 헝가리로 탈출하게 되는데, 이번에는 루마니아의 첩자로 몰려서 고문을 당하고 독일로 팔려간다. 독일의 공장에서 강제 노역하던 모리츠는 게르만 민족 연구가인 독일 장교의 눈에 띄어 순수한 게르만 영웅족의 후예라는 판정을 받게 된다.

"두개골의 구조와 이마, 콧등, 얼굴의 골격, 전신의 뼈대, 그리고 특히 흉곽의 구조와 쇄골의 위치로 미루어보면, 이 사나이는 오늘날 라인 강 연안, 룩셈부르크, 트란실바니아, 오스트리아에 소수 남아 있는 게르만족에 속합니다.

……

이 청년의 코, 이마, 눈, 턱은 4세기 전에 그린 우리나라의 목판화에서 볼 수 있는 것과 똑같아요. 그동안에 아무 변화가 없었다는 걸 보여주는 것이오."

장교들은 모리츠의 머리와 머리카락을 만져보고는 한결같이 감탄하는 표정을 지었다.

게오르규, 《25시》(1949).

아우슈비츠에서 유대인을 학살하는 데 사용한 독가스 깡통과 학살당한 유대인들의 머리카락(아우슈비츠 박물관).

2차 대전 중에 벌어진 유대인 학살은 사회진화론에 대한 맹신이 얼마나 무서운 결과를 낳는지 보여주는 가장 참혹한 실례였다. 그것은 두개골의 크기에 따라 우월한 인종과 열등한 인종을 가르는 우생학(優生學)과 같이 과학의 탈을 쓴 허튼소리가 위력을 떨치던 시대에 벌어진 만행이었다.

적자생존은 살아남은 사람이 결국 승리자라는 정글의 법칙이다. 이것을 사회에 그대로 적용하는 순간, 탐욕스러운 사람들은 훌륭한 변명거리를 가지게 된다. 미친 듯이 다른 사람을 짓밟으며 성공을 추구하는 사람도 아무런 도덕적 비난을 받지 않는다. 결국 스펜서의 주장은 과학적인 이론이라기보다는 편협한 이데올로기에 가까웠다.

이데올로기ideologie는 흔히 인간, 자연, 사회에 대하여 사람들이 품고 있는 의식을 말하는데, 과학적인 근거에 따르기보다는 자신이 처한 사회적 입장에 이로운 방향으로 생각하는 것을 부정적으로 가리키는 말이다.

그리하여 스펜서의 고향인 영국에서는 그가 살아 있을 때 이미 사회진화론이 힘을 잃기 시작했다. 대외적으로는 여전히 제국주의의 바람이 거셌지만, 영국 내에서는 경제 위기로 노동자들의 살림살이가 어려워지자 사회 복지의 중요성을 강조하고 다 함께 잘 살 수 있도록 정부가 도와야 한다는 여론이 커졌다. 스펜서의 극단적인 개인주의는 점차 비난의 대상이 되었다. 고집불통 노인이 된 스펜서는 죽을 때까지 자신의 주장을 굽히지 않았지만, 더 이상 귀담아 듣는 사람이 없었다.

그러나 영국과 달리 미국에서는 오랫동안 스펜서의 인기가 식지 않았다. 민영기업이 발달하고 정부 규제를 최소화하자는 분위기가 강했던 미국에서는 여전히 사회진화론이 환영받았다. 그렇기에 19세기 말, 이미 사회진화론에 대한 비난의 목소리가 높았던 유럽과 달리 여전히 사회진화론을 신봉하던 미국을 통해 일본과 중국 등 동아시아 일대로 사회진화론이 들어올 수 있었다.

사회진화론에 대한 저항

우리가 굳이 사회에 대해서 이야기하는 것은 국가 대 개인이라는 단순한 틀을 넘어서 무언가 다른 이야기를 하기 위한 것인지 모른다. 그런데 구한말에서 식민지시기에 유행한 사회진화론은 그 안에 사회라는 단어가 들어가 있긴 했지만, 실제로 사회에 대해 이야기하지는 않았다. 거기에는 오로지 국가와 개인만 있었고 강한 국가가 약한 국가를, 강한 개인이 약한 개인을 잡아먹는 정글 같은 살풍경만 펼쳐져 있었다.

사회진화론은 개인과 개인 간의 우열, 국가와 국가 간의 우열, 민족과 민족 간의 우열, 인종과 인종 간의 우열을 당연한 법칙으로 여겼다. 그러므로 사회진화론을 받아들인 조선의 지식인들은 일제의 침략에도 입을 꾹 다물 수밖에 없었다. 그들은 현실에 순응하고 패배를 순순히 받아들여야만 했다. 총칼을 들고 맞서겠다고 일어선 의병들을 사회의 법칙을 모르는 무식한 폭도라고 비난하면서 그저 일제가 법으로 인정해주는 한도에서 열심히 공부하고 서구 문명을 배우는 것만이 유일한 대책이라고 생각했다.

그러나 사회진화론이 대세였던 1910년대에도 그 허점을 꿰뚫어 본 지식인이 있었다. 예컨대, 독립운동가 조소앙은 일본 유학 시절 사회진화론을 배웠지만 강자의 지배와 침략을 합리화하는 논리를 당당히 거부했다. 그는 진화 개념을 힘이나 부의 증대가 아니라 인권 신장이나 평화 확립 같은 전혀 다른 가치로 받아들였다. 독립운동가 박은식 또한 유교에 대한 자부심으로 사회진화론에 맞섰다. 그는 당시와 같은 약육강식의 시대에는 유교가 적합하지 않지만, 21세기에는 세계 평화를 위한 가르침으로 유교가 재발견되어 서양 학자들도 퇴계와 율곡의 책을 읽는 날이 올 것이라고 주장했다.

본명은 조용은. 삼균주의(三均主義)를 주창한 독립운동가다. 삼균주의는 개인 간의 균등(均等), 민족 간의 균등, 국가 간의 균등을 목표로 한다. 즉 1)정치, 경제, 교육의 균등으로 개인 간의 균등을 실현하고, 2)민족자결로 민족 간의 균등을 실현하며, 3)식민정책과 자본주의를 무너뜨리고 침략 전쟁을 금지시킴으로써 국가 간의 균등을 이룰 수 있다고 주장했다.

한편 시인이자 독립운동가인 한용운은 불교에 의지해 사회진화론의 유혹을 뿌리쳤다. 현실에서 아무리 강자와 약자, 승자와 패자를 갈라도 불교의 차원에서 보면 모두 허상에 불과했다. 그렇기에 한용운은 스스로 약자라고 주눅 들지 않았으며 침략자 일제의 회개와 개과천선을 당당하게 요구했다. 그는 강자가 지배하는 현실이 아무리 과학적이니 어쩌니 해도 잠시 스쳐가는 야만적인 문명일 뿐이며 결국 세계가 평화, 평등의 시대로 나아갈 것이라고 믿었다.

한용운.

또한 1910년대 말부터 무정부주의(아나키즘anarchism)와 사회주의가 들어오면서 사회진화론에 반대하는 목소리가 더욱 커졌다. 신채호를 비롯한 무정부주의자들의 경우, '상부상조하는 것이야말로 진화의 원동력'이라고 주장한 러시아의 무정부주의자 크로폿킨Pyotr A. Kropotkin의 상호부조론에 근거하여 강자가 약자를 억누르기는커녕 오히려 도와주어야 한다는 원칙을 선포했다. 사회주의자들 역시 '약육강식'은 사회의 기본 법칙이 아니라 제거해야 마땅한 제국주의의 침략 원리일 뿐이라고 주장했다.

크로폿킨.

우리나라에 사회진화론을 전파한 일등공신인 량치차오도 죽을 때까지 변함없이 사회진화론을 숭배하지는 않았다. 《멸국신법론(滅國新法論)》이란 책에서 중국도 잘만 하면 약육강식, 적자생존의 세계에서 얼마든지 강자로 살아남을 수 있다고 주장했던 량치차오지만, 20여 년 뒤 유럽을 여행하며 직접 현실을 체험한 후 생각이 달라졌다. 그는 약육강식의 진화론이 서구 문명의 침략과 파괴의 근원이라는 사실을 깨달았으며 뒤늦게 '경쟁' 대신 서로 돕는 '연대'를 강조하기 시작했다.

아나키즘의 어원은 그리스 단어 아나코스(anarchos)로 '지도자가 없는', '선장이 없는 배의 선원들'을 뜻한다. 이 운동에 참여하는 사람들(아나키스트)은 권위적인 지도자나 정부에 반대하며 공동체의 자치를 대안으로 제시한다.

문화상대주의로 편견을 깨다

오늘날 서점에 꽂혀 있는 사회학 교과서들은 사회학의 초기 역사를 일부러 다루지 않는 한 대부분 콩트와 스펜서를 건너뛴다. 1940년대에 이미 사회학자들은 '요즘 누가 스펜서를 읽겠는가' 하며 사회진화론을 시대착오적인 사상으로 여겼다. 18세기에 등장한 사회계약론은 한 세기가 못 되어 이론으로서의 힘을 상실하기 시작했는데, 19세기의 사회진화론 역시 같은 운명을 벗어나지 못했다.

그나마 사회계약론에 관한 책들, 특히 홉스, 로크, 루소의 저작은 오늘날 우리가 누리는 자유와 평등의 기초를 놓은 책으로 지금도 고전으로 대접받고 있지만, 콩트와 스펜서의 책을 찾는 사람은 거의 없다. 사회진화론은 1, 2차 대전과 파시즘, 인종차별과 같은 역사의 악몽과 더불어 불쾌한 기억만 남겼을 뿐이다.

그런데 놀라운 일은 사회과학의 영역에서는 철 지난 헛소리 취급을 받는 사회진화론이 현실에서는 여전히 그 힘을 발휘하고 있다는 것이다. '암탉이 울면 집안이 망한다'와 같은 전혀 근거 없는 이야기를 조상의 지혜인 양 입에 올리는 사람을 지금도 종종 볼 수 있듯이, 우리는 살면서 흔히 적자생존의 법칙에 대해 듣게 된다. 많은 사람들이 여전히 치열한 경쟁 속에서 힘을 숭배하며 살고 있고, 강대국과 약소국 사이의 불평등한 관계도 여전하다. 복지 제도가 사람을 게으르게 만든다는 스펜서의 근거 없는 주장도 아직 완전히 사라지지 않았다.

사회는 계속 변한다. 그런데 그 변화에 진화라는 말을 붙일 수 있는가는 의문이다. 사회가 자연처럼 진화한다는 환상을 깨기 위해 가장 많이 노력한 사람은 아마도 인류학자들일 것이다. 그들은 인간의 사회가 무척 다양하여 결코 단순하고 명쾌한 이론 한두 가지로 설명할 수 없다고 믿었다. 그래서 그들은 직접 낯선 사회 속에 들어가 오랜 기간 생활하며 세밀한 연구를 수행하고, 그 결과를 바탕으로 사회에 대한 잘못된 편견들을 바로잡으려 했다.

인류학자들의 이와 같은 태도를 '문화상대주의cultural relativism'라는 말로 요약할 수 있다. 남태평양 섬에 사는 원주민들의 사회가 결코 유럽 사회보다 열등하지 않다는 점, 모든 사회의 문화는 그 문화 나름의 가치를 지니고 있다는 사실을 인정하는 자세가 바로 문화상대주의다. 이러한 입장에서 볼 때 유럽이나 미국, 일본 등 사회 일부의 특수한 변화 과정을 두고 인류 사회 전체가 그대로 따라야 할 절대적인 진화 법칙이라고 주장하는 것은 터무니없다.

사회는 다양하다. 세상에는 우월한 사회와 열등한 사회가 따로 없으며 오직 수많은 다양한 사회들이 있을 뿐이다. 또한 사회마다 환경이 다르고 지나온 역사가 다르며 구성원들의 특성도 제각각이기 때문에 도저히 같은 잣대로 우열을 가릴 수 없다. 문화상대주의가 상식으로 자리 잡은 오늘날에 자기 사회의 중요한 가치를 절대적인 가치라고 우기며 다른 사회에 강요하는 사람이 있다면 세상의 비난을 면하기 어려울 것이다.

문화상대주의는 다른 문화를 제대로 이해하기 위한 방법이다. 문화상대주의를 단순히 도덕이나 윤리적으로 이것이든 저것이든 다 옳다는 식의 태도나 가치관의 혼란을 정당화하는 논리로 생각해서는 안 된다.

무인도의 왕이 된 로빈슨 크루소

대니얼 디포Daniel Defoe, 《요크의 선원 로빈슨 크루소의 생애와 이상하고 놀라운 모험*The Life and Strange Surprising Adventures of Robinson Crusoe of York Mariner*》(1719)

항해 중에 거대한 풍랑에 휘말려 배가 난파되고 혼자 살아남아 무인도에서 28년을 보낸 로빈슨 크루소의 이야기는 무척 유명하다. 아이들을 위해 각색된 동화책에서 그는 모험심이 강한 선원이자 거친 자연 환경과 고독을 이겨내는 강인한 개인으로 등장한다. 그러나 원작에서 로빈슨 크루소는 훨씬 더 복잡한 인간이었다.

우선 로빈슨 크루소의 모험은 아버지의 말을 거역한 데에서 시작한다. 그의 아버지는 행복이란 고통이 없는 상태를 말하며 중산층의 평안한 삶이야말로 가장 행복한 삶이라고 충고한다. 그러나 로빈슨 크루소는 젊은 혈기를 이기지 못하고 집을 뛰쳐나가 대륙을 오가는 배에 오른다. 무역으로 큰 이득을 보기도 하고 해적에게 잡혀서 노예로 팔리기도 하는 등 우여곡절을 겪은 끝에 브라질의 농장 주인이 되어 제법 큰 성공을 거둔다.

그러나 로빈슨은 이에 만족하지 않고 다른 농장 주인들과 노예 밀수를 계획한다. 그는 직접 배를 타고 아프리카로 노예를 잡으러 가던 길에 배가 난파돼 홀로 무인도에 떠밀려오게 된다. 그리고 28년 동안 무인도에서 생활하는 내용이 이어진다.

그런데 《로빈슨 크루소》는 로빈슨이 무인도에서 간신히 살아남아 탈출하는 이야기가 아니다. 오히려 무인도를 자신의 영토로 만드는 이야기다. 로빈슨이 혼자서 어떻게 성공적으로 문명을 만들어나갔는지, 어떻게 원주민을 노예로 삼아 문명인으로 개화시킬 수 있었는지 원작은 세세하게 기록하고 있다.

그는 혼자 집을 짓고 담을 쌓았다. 가구를 만들고 야생염소를 길들여 가축으로 삼았으며 배에 남아 있던 씨앗으로 농사를 짓는 데 성공했다. 섬 생활에 조금씩 익숙해지자 커다란 나무를 깎아 배를 만들고 주변을 탐험하기 시작했다. 처음에는 선반 하나 만드는 데 40일이 넘게 걸렸지만 매일 부지런히 일한 덕분에 건축 기술, 공작 기술이 점점 늘고 생활도 풍족해졌다. 이렇게 섬 곳곳에 자신의 영역을 만들어낸 끝에 로빈슨은 섬의 유일한 왕이자 황제를 자처하게 되었다.

그러나 어느 날 해변에서 다른 사람의 발자국을 발견한 후 그는 공포에 휩싸였다. 섬에 속한 모든 것이 자신의 재산이며 스스로 섬의 왕이라고 선언했는데, 침략자를 발견한 것이다. (로빈슨의 입장에서는 침략자이지만 사실 그들은 주변 섬의 원주민인 카리브족이었다.) 그는 원주민들을 다 죽여야 할 것인지, 아니면 자신에게 아무런 해도 입히지 않았으므로 그냥 내버려둬야 할지 고민한다.

로빈슨은 자신의 거처를 더욱 요새화하고 그 안에 틀어박힌다. 그러

다가 섬 생활 23년째 마침내 우연히 원주민 무리와 맞닥뜨린다. 그는 포로로 잡혀 있던 한 원주민 청년을 구해주고 자신의 노예로 삼는다. 원주민을 구해준 날이 마침 금요일이었기에 '프라이데이'라고 이름을 붙인다. 로빈슨은 프라이데이에게 영어와 기독교를 가르쳐 문명인으로 만들려고 노력한다.

> 그(프라이데이)는 그제야 내(로빈슨 크루소)가 자기 생명의 은인임을 알았다는 표시로 열 걸음마다 무릎을 꿇으며 내게 가까이 다가왔다. 나는 그에게 미소를 지으며 유쾌한 표정으로 내게 더 가까이 오라고 손짓했다. 마침내 바짝 다가온 그는 다시 무릎을 꿇고 땅에 입을 맞추더니 머리를 땅에

조아렸다. 그러고는 내 발을 잡더니 자기 머리 위로 얹었다. 이것은 아마 영원히 내 노예가 되겠다는 맹세의 표시인 모양이었다.

그러나 사실 프라이데이가 복종한 대상은 로빈슨이 아니라 그가 들고 있던 총이었다. 로빈슨 크루소로 대표되는 유럽인들은 이처럼 자신들이 세계의 중심이며 신의 선택을 받은 자손이라는 환상 속에서 자신과 다른 문화의 사람들을 문명화 교육이 필요한 야만인으로 취급했다. 카리브족이 가끔씩 들르던 아름다운 섬은 결국 로빈슨 크루소의 식민지가 되고 말았다.

사회와 국가를 갈라놓다

고대 그리스와 로마 공화정에서 이어 내려온 '공공의 이익을 위해 애쓰는 사람들의 자발적인 모임' 과 19세기에 스펜서가 주장한 '강한 자는 살아남고 약한 자는 자연스럽게 도태되는 집단' 을 과연 똑같이 사회라는 한 단어로 부를 수 있을까? 물론 사회 또한 인간 세상에서 살아 움직이는 역사적이고 현실적인 개념이므로 시대에 따라 그 말뜻이 조금씩 달라지는 것이 당연하다. 그러나 아무리 그렇다고 해도 같은 단어를 두고 어떻게 이렇게 큰 차이가 생긴 것일까? 로마 공화정과 19세기 사이에 도대체 무슨 일이 있었던 것일까?

1. 현대 사회의 주인공, 시민 혹은 부르주아

콩트와 스펜서가 활약하던 19세기 중반은 보수 세력의 거센 반발로 프랑스혁명의 열기가 한풀 꺾이고, 영국에서는 산업혁명이 한창 진행 중이던 때였다. 그들은 자신들이 살고 있는 시대가 인류 역사상 가장 빛나는 시기라고 생각했으며 앞으로도 더욱 발전할 것임을 믿어 의심치 않았다. 그렇기에 '사회는 진화한다'라고 과감하게 선언할 수 있었다. 그러나 2장에서 살펴보았듯이 그들의 주장은 오만과 독선에서 비롯된 이데올로기에 지나지 않았다.

산업혁명은 영국에서 처음 일어나 유럽 전역, 미국, 러시아 등으로 확대되었고, 20세기 중후반에는 우리나라를 비롯해 동남아시아, 아프리카, 라틴아메리카로 확산되었다. 산업혁명은 또한 '공업화'라고 불리며 농업 사회에서 공업 사회로 이행하는 기술 혁신의 전체적인 과정을 일컫는 단어로 사용되기도 한다. 그런데 이렇게 넓은 의미에서 이야기하면 산업혁명은 아직 끝난 것이 아니며, 세계는 여전히 산업혁명 중이라고 볼 수도 있다.

어쨌든 당시 유럽의 상황을 좀 더 살펴보기로 하자. 우선 경제적으로 먼저 발달한 나라는 산업혁명이 시작된 영국으로, 18세기 말 영국의 경제 발전 속도는 프랑스와 독일을 훨씬 앞서 있었다. 당시 영국에서는 사람이 하는 일을 기계가 대신했고, 집에서 일하던 사람들이 공장으로 출근하기 시작했다. 이와 같은 변화는 처음에는

산업혁명이 일어난 당시의 영국을 묘사한 그림. 루터버그, 〈콜브룩데일의 밤〉(1801).

안톤 폰 베르너가 그린 독일 제국의 황제 즉위식(1877). 가운데 하얀 옷을 입은 사람이 비스마르크.

면직(綿織) 공장에만 국한되었지만 점차 모든 영역으로 퍼져, 콩트와 스펜서가 사회 이론을 만들던 19세기 중반에 영국은 인류 역사상 최초로 산업혁명을 달성한 국가가 되었다.

프랑스와 독일의 사정은 영국과 달랐다. 경제적으로 뒤처져 있던 것은 물론 정치적으로도 무척 혼란스러웠다. 영국에서 부자들이 안정적인 의회정치를 하고 있을 때에도 프랑스는 여전히 혁명의 혼란에 빠져 있었고, 독일은 왕이 아닌 공작이나 대공이 다스리는 조그만 공국(公國)들의 느슨한 연합체로서 하나의 국가라고 보기도 어려운 처지였다. 1871년 철혈재상 비스마르크Otto Eduard Leopold Bismarck의 주도로 독일 제국으로 통일된 뒤에야 프랑스, 영국과 어깨를 나란히 할 수 있었다.

비스마르크는 프로이센의 총리로 취임한 후 첫 연설에서 "오늘날의 중대한 문제는 연설이나 다수결이 아니라 오로지 철과 피로써만 해결할 수 있다"고 선언해서 철혈재상으로 불리게 되었다. 그는 오스트리아, 프랑스와의 전쟁에서 승리하고 독일 통일의 기반을 닦았다. 그러나 사실 비스마르크는 전쟁보다 외교 분야에서 탁월한 역량을 발휘했다. 그는 독일의 수많은 나라들을 외교로 포섭하여 동맹을 형성했고 결국 프로이센을 중심으로 독일 통일을 이루어냈다.

발전 속도가 다르기는 했지만 영국, 프랑스, 독일과 같은 유럽의 강대국들은 결국 비슷한 길을 걸었다. 즉 산업혁명을 거치고 제국주의(帝國主義) 국가로 발돋움했다. 막대한 부를 쌓은 부자들이 등장했고 과거에는 상상하기 어려웠던 물질적 풍요를 맛보았다. 기차가 달리고 비행기가 날고 거대한 쇼핑몰이 생겨났다. 하루가 멀다 하고 낡은 건물을 때려 부수고 새 건물을 세워 올리는 일이 거듭되었다. 눈이 휙휙 돌아갈 만큼 모든 것이 빠르게 변했다.

'사회가 진화한다'는 주장은 이러한 현실에서 나올 수 있었다. 콩트와 스펜서는 자신들이 살고 있는 사회가 과거의 사회와는 완전히 다르다고 생각했다. 이들의 눈에는 고대 사회, 중세 사회, 현대 사회가 분명하게 대비되었다. 어두운 중세는 저물고 마침내 새로운 시대, '현대modern'가 떠올랐다.

모던modern이라는 단어는 '근대' 혹은 '현대'로 번역되는데, 어느 쪽으로 번역할 것인가에 대해서는 논란이 많다. 같은 맥락에서 모더니티modernity도 '근대성'과 '현대성' 사이에서 갈등하게 된다. 영어로는 같은 단어지만 한국어에서 현대(現代)와 '현대와 가까운 시기'라는 뜻의 근대(近代)는 동일어로 취급하는 데 문제가 있다. 그래서 어떤 이는 번역하지 말고 그냥 모던, 모더니티라고 쓰자고 주장하기도 한다. 이 책에서는 굳이 근대와 현대를 구분하지 않고 모던은 '현대'로, 모더니티는 '현대성'으로 용어를 통일했다.

어두운 중세가 끝나고 새로운 시대가 시작되었다고 했지만, 언제 중세가 끝이 나고 언제 현대가 시작되었는지 명쾌하게 설명할 수 있는 사람은 거의 없을 것이다. 어떤 사람은 르네상스(14~16세기)기라고 주장하며, 어떤 사람은 콜럼버스Christopher Columbus가 신대륙을 발견한 때(1492)라고 이야기한다. 와트James Watt가 증기기관의 특허를 낸 해(1769)를 현대의 시작으로 보는 사람도 있을 테고, 프랑스혁명(1789)을 떠올릴 수도 있을 것이다. 20세기에 들어서야 진정한 현대가 시작되었다고 이야기하는 사람도 있다.

와트는 증기기관을 발명한 사람이라기보다 그때까지 사용되던 증기기관을 획기적으로 개선한 사람이다. 그는 한말 우리나라에서도 대단한 존경을 받았는데, 유길준은 《서유견문》에 와트의 짤막한 전기를 실었으며 당시 어린이들을 위한 교과서인 《초등소학(初等小學)》도 수증기를 연구하여 기차와 기선 같은 현대 문물을 낳게 한 주인공으로 와트를 소개했다.

이처럼, 현대의 시작에 대해서는 논의가 분분하고 이 책에서도 명확한 답을 내리기 어렵다. 중세와 뚜렷하게 구분되는 현대의 성격을 무엇으로 보는가에 따라 제각기 시점을 다르게 잡을 수 있기 때문이다. 다만 사회를 연구하는 학문인 사회학의 등장은 프랑스

와트 증기기관.

혁명과 산업혁명으로 인한 사회의 엄청난 변화를 배경으로 하고 있으며, 사회학이 연구의 대상으로 삼은 사회는 '산업혁명 이후의 사회' 라는 것은 확실하게 말할 수 있다.

이 책에서는 사회학의 일반적인 통념대로 현대 사회를 프랑스 혁명과 산업혁명 이후의 사회로 정의하고 논의를 전개하려고 한다. 그렇다면 앞서 제기했던 문제, 고대 그리스의 폴리스와 19세기 이후 사회의 엄청난 차이는 우선 고대 사회와 현대 사회라는 시대의 차이로 설명할 수 있다. 이제 사람들이 사냥하고 나무 열매를 따 먹으며 살던 고대 사회나 왕과 종교의 권위에 눌려 숨도 제대로 못 쉬던 중세 사회는 완전히 사라졌다. 모든 것이 바뀐 새로운 사회, 물질적으로나 정신적으로나 눈부시게 발전하는 현대 사회가 도래한 것이다.

그런데 사회라는 말을 둘러싼 모든 변화를 단지 시대의 차이로

만 설명하기에는 뭔가 부족한 느낌이 든다. 시대가 달라졌다고 해서 '공공의 이익을 위한 자발적인 모임'이라는 애초의 사회 개념이 굳이 달라져야 할 이유는 없지 않은가? 현대 사회로 오면서 사회의 의미가 변한 것에는 뭔가 다른 이유가 분명히 존재하는 듯하다.

프랑스혁명과 산업혁명을 현대 사회의 시작을 알리는 가장 중요한 사건이라고 본다면, 현대 사회의 특징을 대략 다음과 같이 살펴볼 수 있다. 현대 사회는 프랑스혁명과 같은 시민혁명을 통해 정치적 자유를 쟁취한 시민들로 구성된 사회이며, 산업혁명 이후 산업이 고도로 발달하여 경제적으로 풍요로운 사회이다. 즉 현대 사회는 '시민 사회'이자 '산업 사회'라 할 수 있다.

그런데 산업 사회라는 개념은 분명 고대나 중세 사회와 대비되지만, 시민 사회라는 개념은 고대 그리스의 폴리스나 로마 공화정에도 해당될 수 있다. 비록 노예들의 피땀 어린 노동으로 얼룩져 있긴 하지만 자유로운 시민들로 구성된 시민 사회는 상당히 오랜 역사를 가지고 있다. 그렇다면 노예가 사라졌다는 것 외에 고대 그리스나 로마의 시민 사회와 현대 시민 사회에는 어떤 차이가 있는 것일까?

'시민(市民)'은 말 그대로 도시에 거주하는 사람을 가리킨다. 그런데 앞서 이야기했듯이, 고대 그리스의 폴리스에서는 도시와 국가가 같은 말이었으며 그것이 유일한 정치 공동체였다. 즉 시민은 서울 시민, 뉴욕 시민처럼 단지 어디 사는지를 가리키는 말이 아니라 아주 오래 전부터 시민의 조건, 시민권 같은 말과 함께 쓸 수 있는, 정치적 의미가 들어 있는 말이었다. 수많은 사람들이 한자리에 모여서 공공의 이익을 위해 정치 토론을 벌이고 투표로 중요한 일을 결정하던 폴리스의 전통이 시민이라는 단어에 깃들어 있었다.

이러한 시민 개념과 대조적인 말로 '부르주아bourgeois'를 들 수 있다. 부르주아는 '부르bourg에 사는 사람'을 말하는데, '부르' 또한 성(城), 마을을 가리키는 말이니 시민이나 부르주아나 애초에는 같은 뜻이었다고 할 수 있다. 그런데 원래 '성 안에 사는 사람'을 뜻했던 부르주아가 중세 말기에는 영주의 손아귀에서 벗어나 상업 도시에 사는 주민을 가리키는 말이 되었다. 주로 도시에 살면서 어느 정도 돈을 모으고 땅도 가지고 있는 사람들이 부르주아라고 불렸다.

도시가 발달하기 이전에는 주로 부유한 농민이 성 안에 살았고 가난한 사람들은 성 밖에 살았다. 성 안에 사는 부유한 사람을 뜻했던 '부르주아'는 중세 이후로도 늘 어느 정도의 부를 소유한 사람에게만 붙일 수 있는 말이었다.

절대왕정 시기 이전에는 왕의 권력이 절대적이지 않았다. 왕은 여러 영주 중에 제일 높은 영주 정도에 불과했으며, 각 영주는 자기 땅에서 왕이나 다름없었다. 영주의 영토는 보통 장원(莊園)이라고 불렸는데, 여기에는 영주의 성과 농민들의 집, 교회, 방앗간, 양조장, 제빵소 같은 공동 시설물 등이 있었다. 그런데 경작지가 확대되고 상업이 발달하면서 성 밖에 도시가 생겨나기 시작했다. 상인과 수공업자들은 영주의 성 밖에 있는 도시에 주로 살았고 이들이 결성한 조합(길드guild)에서 경제 활동을 독점했다.

성 안의 농민들은 영주의 땅을 빌려 사는 대가로 토지를 경작하여 지대를 바치고 인두세, 혼인세, 상속세 등 온갖 세금을 내야 했다. 또한 다른 곳으로 마음대로 이사를 할 수도 없었다. 하지만 상업이 발달하고 화폐가 활발하게 유통되는 도시는 농촌과 달리 영주의 통치에서 벗어나 있었다. '도시의 공기가 사람을 자유롭게

한다'는 말이 바로 여기에서 유래했다. 영주의 땅에서 도망친 농민이 1년 1일 동안 붙잡히지 않고 도시에서 살면 영주에게서 완전히 벗어나 자유인이 될 수 있었다. 영주는 어떻게든 농민들을 꼼짝 못하게 붙잡고 싶었으나 농민들은 반란을 일으키거나 도시로 도망쳤다.

13세기 이후 부르주아는 귀족도 아니고 농민도 아닌, 도시에 사는 상인이나 수공업자들을 가리키는 말이 되었다. 즉 귀족과 농민 사이에 낀 중간 계층이 부르주아였다. 17세기에 부르주아는 활발한 경제 활동으로 막대한 부를 축적하고 사회의 핵심 세력으로 떠오르기 시작했다. 단지 도시에 사는 상인이 아니라 하나의 계급

영주의 땅에서 풀을 베는 농노들. 뒤에는 영주의 성이 보인다. 랭부르 형제, 〈6월 풍경〉, 《베리 공의 호화로운 기도서》(1413~1416).

class이 된 것이다.

산업혁명 이후에 이들이 더 큰 이익을 좇아 산업자본가로 변신하면서, 부르주아는 노동자의 반대말이 되었다. 그리고 이때부터 부르주아는 '탐욕스러운 자본가' 인 동시에 '물질적 성공에만 신경 쓰는 교양 없는 사람' 이라는 의미를 가지게 되었다. 시민이 '공공의 이익을 위해 정치에 참여하는 인간' 이라는 좋은 뜻을 가진 반면, 부르주아는 '자기 이익만 챙기는 인간' 이었다.

프랑스혁명 이후 혁명에 반대하는 외국 군대에 맞서 싸우면서 프랑스 국민군이 불렀던 〈라 마르세예즈La Marseillaise〉라는 노래에는 "시민들이여, 무기를 들어라" 라는 구절이 있다. 나중에 프랑스의 국가가 된 이 노래의 이 구절은 단순히 도시에 사는 사람들만 무기를 들라는 뜻이 아니다. 이때 역시 시민이라는 단어에는 혁명에 동참하는 모든 사람들을 가리키는 정치적 의미가 있었다. 하지만 부르주아는 경멸의 대상이고 타도의 대상이었다.

그런데 사실 누구는 시민이고 누구는 부르주아라고 명확히 구별하기는 힘들다. 프랑스혁명은 흔히 시민혁명으로 불리지만 부르주아혁명이라고 불리기도 한다. 귀족에 맞서서 시민 세력을 대표한 이들이 바로 부르주아였다. 어느 정도 부를 축적하고 지식도 쌓은 신흥 부르주아들이 민중의 앞에 서서 왕의 일가와 귀족들을 몰아낸 것이다. 이처럼 부르주아 계급에 사적인 이익만 좇는 욕심쟁이들만 있는 건 아니었다. 그들도 나름의 꿈이 있었으며 추구하는 사회상이 있었다. 그 사회는 고대 그리스나 로마 공화정의 이상향처럼 사람들이 공공의 이익을 위해 힘써야 하지만 동시에 개인의

레스토랑에서 사교 관계를 맺고 친목을 도모하는 파리의 부르주아를 묘사한 그림.

사적인 이익도 충분히 보장되는 사회였다.

이처럼 시민과 부르주아가 혼동되기 시작한 것은 사적인 영역과 공적인 영역이 얽히게 된 현실을 반영한 것이었다. 고대 그리스에서는 '폴리스는 공적인 영역이다' 라고 분명하게 이야기할 수 있었지만, 19세기 사회는 그렇지 않았다. 사회는 점차 공적 영역이 아닌, 사적 영역의 의미를 띠게 되었다.

고대 그리스에서는 공적이고 정치적인 영역인 폴리스에 대비되는 개념으로 사적인 영역을 '오이코스oikos' 라고 불렀다. 아리스토텔레스가 '인간은 폴리스적인 동물' 이라고 말한 것은, 공적이고 정치적인 영역에 참여할 때만 인간다워질 수 있다는 의미였다. 아리스토텔레스는 사적인 영역인 오이코스, 즉 자신의 집이나 가족의 품에서 개인적인 욕망만 채우는 사람은 인간이라고 부르기 부끄럽다는 말을 한 셈이다.

그런데 중세 이후 '인간은 폴리스적인 동물' 이라는 아리스토텔레스의 말이 '인간은 사회적인 동물'로 번역되기 시작했다. 이는 사적 영역과 공적 영역의 경계가 흐려지기 시작한 현실 탓이었다. 원래 아리스토텔레스의 이 말은 인간이라면 모름지기 공공의 이익을 위해 정치에 열심히 참여해야 한다는 뜻이었는데, 점차 공과 사의 구분을 떠나 '인간은 본능적으로 공동생활을 한다'라는 매우 단순한 의미로 변질된 것이다.

고대 로마의 '소키에타스'라는 단어도, 처음에는 공적인 영역이라는 느낌이 강했지만 조금씩 사적 영역을 포함하기 시작했다. 그러다가 중세에 이르러서는 목표가 공적인 이익이든 사적인 이익이든 단순히 사람들의 모임, 단체를 일컫는 말로 바뀌었고 특히 무역이 활발했던 지중해 일대에서는 소규모 회사나 가족 기업을 뜻하기도 했다.

중세에는 사실 공적인 영역이 거의 존재하지 않았다는 주장도 있다. 중세에 공적인 영역이라고 한다면 교회 정도라고 할 수 있는데, 교회도 겉으로는 천국과 지옥을 이야기하지만 실제로는 세속적이고 사적인 이해관계에 얽혀 있었다. 중세에는 교회 예배 외에는 다 같이 모여서 의논할 일도 없었기 때문에 귀족이든 농민이든 도시의 상인이든 각자 자기 집에 틀어박혀 살았다.

그런데 사회라는 단어를 단순히 '함께 산다'는 의미로만 사용한다면, 인간의 사회와 동물의 무리가 무엇이 다르겠는가? 꿀벌도 함께 살고 개미도 함께 살지만 꿀벌 사회나 개미 사회라는 말은 없다. 1장에서 이미 이야기했듯이 사회는 인간이 진정으로 자유롭고 행복하게 살기 위해 인간 스스로 만든 집단이며, 오로지 사회에서 살아갈 때만 인간이 인간다울 수 있다.

공적 영역으로서의 사회의 의미를 슬그머니 삭제하고 자신들의 재산을 지켜주는 영역으로서의 사회를 주장하기 시작한 부르주아들 역시 이러한 단순한 사실을 모른 척할 수는 없었다. 그래서 새로운 논리가 등장했다. 개인의 재산을 늘리고 단단히 지키는 일이 곧 공공의 이익을 위한 행위라고 우기기 시작한 것이다.

보이지 않는 손은 '시장 경제의 원리'를 뜻한다. 스미스는 국가가 시장을 간섭하지 않고 내버려두어도 시장 경제의 원리에 따라 개인의 자유로운 선택과 사회 전체의 이익이 자연스럽게 일치한다고 보았다. 나중에 케인스John M. Keynes는 이에 반대하며 공공의 이익을 위해 정부가 시장에 개입하고 보완책을 내놓아야 한다고 주장했다.

영국의 경제학자 스미스Adam Smith는 '보이지 않는 손'이 '개인의 사적인 이해관계와 열정을 사회에 가장 보탬이 되는 일에 집중되도록 만든다'고 주장했다.

> 우리가 식사를 할 수 있는 것은 정육점 주인, 양조장 주인, 빵집 주인의 자비에 의한 것이 아니라 자기 자신의 이익에 대한 관심 때문이다. 우리는 그들의 인간성에 호소하지 않고 그들의 이기심에 호소하며, 그들에게 우리 자신의 필요를 이야기하지 않고 그들의 이익을 이야기한다.
>
> 애덤 스미스, 《국부론*The Wealth of Nations*》(1776) 2장.

이제 더 이상 사람들은 광장에 모여 토론을 할 필요가 없었다. 가게에서든 공장에서든 더 많은 돈을 벌기 위해 힘쓰는 것이 유일한 의무가 되었다. 부르주아들은 자신들의 사적 이익이 사실상 사회 전체의 공적 이익이라는 세계관을 완성하였고 이를 널리 퍼뜨렸다.

2. 개인의 이익을 위한 사회, 공공의 이익을 위한 국가

사회가 점차 사적인 영역으로 자리를 잡으면서, 원래 가지고 있던 공적 영역의 의미를 흡수한 것은 '국가' 라는 개념이었다. 고대 그리스에서는 국가와 사회가 폴리스라는 단어 하나에 포함되어 있었지만, 18세기 사회계약론에서 이미 국가와 사회가 분명하게 분리되었다. 사회계약론자들은 개인-사회-국가의 순서를 정해놓았다. 즉 개인들이 모여 사회를 만들었고, 사회가 국가를 만들었다는 식이다. 사회만으로는 공공의 이익을 위한 질서를 튼튼하게 유지하기가 힘들어서 법과 제도가 명확하고 강력한 국가를 만들었다는 논리다.

사회계약론의 이러한 논리에 이미 사회는 비교적 사적인 영역이고 국가는 좀 더 공적인 영역이라는 구분이 들어 있다. 사회가 개인들의 이기심이 그대로 발휘되어 통제하기 어려운 자유 영역이라면, 국가는 상당한 강제력을 가지고 공공의 이익을 위해 개인들을 통제하는 영역이라는 것이다. 즉 사회가 각 개인의 이익을 위해

사회가 공적 영역인가, 사적 영역인가에 대한 논란은 18세기 사회계약론자인 로크와 루소의 저작에서도 찾아볼 수 있다. 로크와 루소 둘 다 사회의 가장 큰 역할은 사람들 각자의 재산과 신체를 보호하고 유지하는 일이라고 보았다. 그런데 여기에 미묘한 차이가 있었다. 로크는 개인의 자유로운 재산 축적을 강조한 반면, 루소는 공동체 전체의 이익을 더 중요하게 생각했다. 로크가 개인의 재산 소유와 축적의 '자유' 에 초점을 맞춘 반면, 루소는 상대적으로 공공의 이익을 위해 사적인 재산권을 양보하는 '평등' 에 더 큰 가치를 두었다. 루소의 사회 구상이 프랑스혁명의 기반이 되기는 했지만, 더 오랜 생명력을 과시한 것은 로크의 사상이었다.

존재하는 성격이 강하다면, 국가는 공공의 이익을 위해서 존재한다는 주장이 여기에 포함되어 있다.

19세기에 독일의 헤겔G. W. Hegel이 정립한 '시민 사회Societas civilis'라는 개념 역시 국가와의 구별이 핵심이었다. 헤겔은 사회계약론의 개인-사회-국가 틀 대신 가정-사회-국가의 틀을 가져왔다. 헤겔이 생각한 시민 사회는 가정과 국가 사이에 위치하는 영역이었다. 헤겔의 시민 사회는 국가에 직접적으로 종속되지 않는 시장경제, 사회 계급, 기업, 복지 기구 등을 의미했다. 헤겔에 이르러 시민 사회와 '부르주아 사회bürgerliche Gesellschaft'는 거의 같은 뜻이 되었다. 정치 공동체로서의 시민 사회는 의미가 쇠퇴하고, 공적 영역인 국가와 별도로 존재하는 사적인 영역으로서 부르주아 사회의 의미가 커진 것이다.

과연 국가가 하는 일과 사회가 하는 일을 칼로 무 자르듯 명확하게 나눌 수 있을까? 직접민주주의가 실현된 고대 그리스의 아테네에서는 공무원과 기업인이 따로 없었다. 어떤 일을 하고 살든 공공의 이익을 위해 힘쓰는 것은 모든 사람의 의무였다. 그런데 19세기 유럽에서는 고대 그리스에서 지극히 사적인 일로 치부되던 재산의 축적, 물물교환 같은 일들이 '경제'라는 이름 아래 공적인 일이 되고 더 나아가 공적인 영역의 가장 중요한 일로 여겨지게 되었다. 사회는 개인이 자유롭게 이익을 추구하는 영역이 되었고, 국가는 개인의 재산을 보호해주는 역할을 떠맡았다.

스미스와 같이 개인의 자유를 신봉한 경제학자들은 시장에서 사람들이 제각기 자신들의 경제적 이익만을 추구하는 와중에도 나름대로 도덕적인 감정이 존재하고 공공의 이익이 형성된다고 낙관적으로 생각했지만, 반대 의견을 가진 사람도 있었다. 독일의 정치경제학자 마르크스Karl Marx가 보기에 부르주아 사회는 계급 간의 갈등이 극심할 수밖에 없었다. 생산 자원을 소유하지 않은 대다수의 사람들이 생산 자원을 가진 자에게 착취를 당하는 끔찍한 사회이기 때문이다.

과연 사람들이 제각기 자기 돈벌이만 열심히 해도, 시장에서 저절로 질서가 형성되고 사회가 탈 없이 굴러갈 수 있을까? 마르크스는 결코 그렇지 않다고 생각했다. 그는 사회 내부의 갈등과 모순이 극에 달했을 때 사회가 변한다는 판단 아래 부르주아 사회를 관찰했는데, 부르주아 사회는 계급 갈등을 극복하지 못하고 무너질 수밖에 없는 사회라고 보았다.

마르크스가 생각한 사회 변화는 자연스러운 발전이나 진화 과정이 아니었다. 그는 갈등과 모순이 극에 달해서 도저히 견딜 수 없는 상황에 이르면 사회는 변할 수밖에 없다고 주장했다. 특히 인간의 생산 능력과 생산 관계 사이에 발생하는 모순이 사회의 변동을 가져온다고 보았다. 생산 능력이 지속적으로 증가하는 것은 그에 적합한 생산 관계가 뒷받침되어야 가능한데, 어느 선에 이르면 기존의 생산 관계가 생산 능력을 감당하지 못하는 시점이 오기 때문이라는 것이다.

마르크스는 생산 능력과 생산 관계에 따라 사회가 원시 사회→고대 노예제 사회→중세 봉건제 사회→자본주의 사회→사회주의 사회로 변화한다고 보았다. 원시 사회는 모두 함께 사냥이나 열매 채집에 참여하고 구한 음식들을 나눠먹는, 공동 노동과 공동 분배가 이루어지는 사회였다. 한편 고대 노예제 사회는 귀족과 노예로 나뉘어 노동은 노예가 하고 그 결과물은 귀족이 전부 가지는 불평등한 사회였다. 중세 봉건제 사회에서도 영주와 농노의 불공평한 생산 관계가 형성되었다.

중세 봉건제 사회의 갈등과 모순이 극에 달하자 마침내 자본주의 생산 관계가 등장했다. 자본주의 생산 관계는 인간의 생산 능력을 엄청나게 발전시켰다. 스미스가 감탄한 것처럼 혼자서는 하핀 공장에서는 철사를 뽑는 사람, 철사를 바르게 펴는 사람, 철사를 자르는 사람, 철사 끝을 뾰족하게 가는 사람 등으로 분업이 행해진다. 이렇게 열 명이 일해서 하루에 4만 8천 개의 핀을 만든다. 그런데 스미스는 그 놀라운 생산력에만 감탄했을 뿐, 하루 종일 철사를 바르게 펴는 일만 4만 8천 번 해야 하는 노동자의 고통에는 관심을 기울이지 않았다.

루에 핀 10개를 만들기도 어렵던 사람 열 명이 모여 분업을 통해 하루에 핀을 4만 8천 개씩 만들게 된 것은 자본주의 생산 관계의 빛나는 성과였다.

자본주의 사회에서는 사람들이 자본가와 노동자로 나뉘며, 노동자는 자본가에게 노동력을 제공하고 그 대가로 봉급을 받는다. 자본주의 사회에서 계급은 재산을 가진 자와 못 가진 자로 나뉘는 게 아니라 생산 자원을 가지고 있는가, 가지고 있지 못한가에 따라 구분된다. 생산 자원을 가진 자는 자본가(부르주아) 계급의 일원이고, 생산 자원을 갖지 못하고 오로지 자신의 노동력 외에는 팔 것이 없는 사람은 노동자(프롤레타리아) 계급에 속한다. 자본주의

생산의 높은 효율성 덕분에 이익이 크게 증대하는데, 문제는 그 이익을 자본가와 노동자가 나누어 가지는 것이 아니라 자본가가 대부분을 챙기는 데 있다. 귀족이 노예를 마음대로 부리는 것처럼 노골적이지는 않지만, 훨씬 은밀하고 세련된 방식으로 자본가는 노동자를 '착취'한다.

노동자는 물건을 생산하지만, 그 생산품은 노동자의 것이 아니라 자본가의 것이다. 게다가 노동자의 생산 활동은 그다지 즐겁지 않다. 그나마 원시인들에게는 오전에는 물고기를 잡고 오후에는 사냥을 하는 등 어떤 노동의 즐거움이 있지 않았을까? 그러나 공장에서 일하는 노동자는 하루 종일 한자리에 서서 볼트를 조이거나 나사를 끼우는 등 같은 일만 반복한다. 이렇게 해서 노동은 몸을 조이는 괴로운 굴레이자 당장 먹고 살 일만 해결된다면 어떻게든 피하고 싶은 것이 되어버린다.

이처럼 나의 노동이나 내가 생산해낸 것과 나 자신이 분리되는 상황을 '소외alienation(疏外)'라고 부른다. 분명히 내가 땀 흘려 일한 결과물이고 내 손으로 만들어낸 것인데 내 것이 아닌, 이상한 상황이 벌어진 것이다. 그런데 진짜 문제는 이 소외가 사회의 인간관계를 뒤흔든다는 점이다.

앞서 이야기했듯이 인간이 사회적 동물인 것은 단지 공동생활을 하기 때문만은 아니다. 인간은 다른 사람들과의 관계와 상호작용 속에서 앞선 세대의 문화를 배우고 새로운 문화를 창출한다. 인간의 능력과 취향도 사회 속에서 만들어진다. 그런데 노동의 소외는 기본적인 인간관계를 깨뜨린다. 사회 안에서의 유대감은 간 곳 없고 시장에서 화폐를 주고받는 관계가 인간관계의 대부분을 차지해버리고 만다.

자본가들이라고 마냥 행복하기만 한 것도 아니다. 자본을 지키고 늘리는 데 온 힘을 쏟는 자본가의 삶은 자본에 종속되어 있다. 돈을 펑펑 쓰면서 행복을 느낄지는 모르겠지만, 그 행복은 배부른 돼지의 행복과 다르지 않다. 자본주의 생산 관계가 생산 능력의 엄청난 향상을 가져왔고 예전에는 상상도 못했던 부(富)를 쌓을 수 있게 해주었지만 자본가와 노동자의 삶은 결코 이전보다 행복해지지 않았다.

그래서 밀J. S. Mill은 "배부른 돼지보다 배고픈 인간이 낫다. 만족해하는 바보보다 불만족해하는 소크라테스가 낫다"고 말했다.

결국 자본가가 노동자를 착취하는 불합리하고 불공평한 생산 관계는 오래 지속될 수 없다. 따라서 갈등이 극에 달했을 때 자본주의 생산 관계는 수명을 다하고 사회주의로 넘어가게 된다. 노동자 계급이 권력을 장악하여 자기가 창조한 노동과 부에서 '소외' 되는 이해하기 힘든 상황을 벗어나고, 인간이 인간을 '착취' 하는 일이 없는 사회주의 사회가 등장하게 되는 것이다.

사회주의는 마르크스가 처음으로 생각해낸 것이 아니다. 마르크스 이전에 이미 영국의 사업가 오언R. Owen, 프랑스의 사상가 푸리에C. Fourier 등 여러 사람의 구상이 있었다. 마르크스는 이전 사람들의 구상을 '공상적 사회주의' 라고 하고 자신의 구상을 '과학적 사회주의' 라고 하여 구분하려고 했다. 마르크스 이후에도 수많은 사람들이 사회주의에 대해서 이야기했지만 그 이야기들은 너무나 다양해서 이를 모두 담아내려면 '사회주의란 무엇인가' 라는 제목으로 두꺼운 책을 따로 써야 할 것이다. 마르크스의 사상에 대한 해석도 다들 제각기라 마르크스 스스로 "나는 마르크스주의자가 아니다"라고 할 정도였다.

앞서 설명했듯이, 마르크스는 생산 능력과 생산 관계에 따라 원시 사회→고대 노예제 사회→중세 봉건제 사회→자본주의 사회→사회주의 사회로 변화한다고 보았지만, 자본주의 사회에서 사회주의 사회로 넘어가는 단계는 역사상 아직 이루어진 적이 없는 예측, 혹은 희망이었다. 그런데 엄밀히 말하면 마르크스의 이러한 도식도 콩트나 스펜서의 사회 진화 법칙과 완전히 동떨어져 있다고 보기는 어렵다. 진화라는 말을 쓰지는 않았지만, 마르크스 역시 인간 이성의 힘을 바탕으로 사회가 단계적으로 계속 발전할 것이라

뭉크, 〈귀가하는 노동자들〉(1915).

고 믿었기 때문이다.

그러나 마르크스가 콩트나 스펜서와 분명하게 다른 것은, 인간의 '실천Praxis'을 중요하게 보았다는 점이다. 마르크스는 결코 사회가 저절로 변한다고 생각하지 않았다. 사회 구성원들이 갈등과 모순에 눈감고 가만히 있으면 사회는 전혀 달라지지 않는다는 것이다.

그러나 자본가 계급은 물질적인 생산 수단뿐만 아니라 지식을 생산하는 수단도 장악하고 있다. 지식인들 역시 먹고 사는 문제에서 자유롭지 못하기 때문에 대부분 자본가 계급, 지배층에 유리한 이론과 주장만을 내놓는다. 그러므로 사회에는 자본가 계급에 의한, 자본가 계급을 위한, 자본가 계급의 이야기들만 가득하다. 이처럼 불공평한 상황에서 노동자 계급이 자신들의 이익을 생각하며 자신들의 눈으로 사회를 바라보기란 쉽지 않다. 오히려 자본가 계급이 보여주고 이야기해주는 것들을 곧이곧대로 믿기 쉽다.

이처럼 사회의 어디가 잘못되었는지조차 깨닫기 어려운 상황에서 불합리한 사회 구조를 바꾸기란 참으로 어려운 일이다. 그래도 마르크스는 꽉 막힌 현실을 뚫기 위해서 '실천' 외에 다른 방법이 없다고 보았다. 마르크스가 꿈꾼 사회주의 사회는 사회의 진화 법칙에 따라 저절로 오는 다음 단계가 아니다. 불합리한 사회 구조를 지속시키려는 자본가 계급에 맞서서 노동자 계급이 투쟁할 때에야 비로소 사회주의 사회에 가까워질 수 있다.

3. 국가와 사회의 긴밀한 관계

20세기 초 우리나라에서도 국가와 사회의 관계는 무척 중요한 문제였다. 구한말에 처음 들어온 사회라는 개념이 우리나라에 뿌리내린 과정을 살펴보면, 당시 사회라는 개념은 대략 세 가지 정도의 의미로 쓰이고 있었다.

첫째는 1장에서 이야기한 것과 같이 당시 활발히 활동하던 조직, 결사체들을 사회라고 부른 것이다. 공공의 이익을 위해 뜻있는 사람들이 자발적으로 모인 단체, 즉 사회가 국가를 형성하고 보존하는 기반이 된다는 생각이 지식인들 사이에 유행처럼 번졌다. 그러나 친일 단체만 점점 더 늘어나고 결국 나라를 빼앗기는 사태가 벌어지면서 이런 생각은 금세 시들해졌다. 애국심이 투철한 사람들의 입장에서 보면 결사체로서의 사회는 결국 국가 내에 존재하는 것이고, 국가가 없으면 사회고 개인이고 아무런 의미가 없었다.

둘째는 사회를 정부와 대비되는 민간(民間), 즉 지배층에 대비되는 '피지배층'의 의미로 쓰는 경우이다. 사회를 이렇게 하층의 개념으로 보면 '학생 사회', '여성 사회', '노동 사회' 같은 개념도 가능하다. 이 개념은 사회계약론처럼 개인-사회-국가라는 단계를 염두에 두고 있었다. 여기에는 개인이 사회를 만들고 사회가 국가를 만든다는 생각이 포함되어 있으며, 국가가 있으나 마나 한 절망적인 상황에서 그래도 사회가 잘 보존된다면 언젠가 다시 국가를 정상화시킬 수 있는 날이 올 것이라는 희망도 섞여 있었다. 당시 사람들은 비록 못난 정부와 지배층이 나라를 팔아먹었지만 민간

이 단결하고 힘없는 사람들일지라도 모두가 힘을 모으면 언젠가 나라를 되찾을 수 있다는 믿음을 가지고 있었다.

셋째는 사회를 아예 국가와 비슷한 뜻으로 쓰는 것이다. '사회의 진보를 위해 힘씁시다' 라고 주장하는 사람은 흔히 나라의 발전과 사회의 진보를 같은 뜻으로 생각할 때가 많았다. 심각한 표정으로 "사회상이 앞으로 어찌 될 것인가" 하고 걱정하는 지식인 역시 "이 놈의 나라 꼴이 어찌될꼬" 하고 한탄하는 촌민과 같은 이야기를 하고 있었다.

일제의 침략을 당해 국가가 금방이라도 사라질 것처럼 위태로웠던 당시 우리나라에서 사회는 국가와 결코 떨어질 수 없는 개념이었다. 사회를 국가와 거의 같은 것으로 보는 입장이나 사회를 국가의 부분으로 보는 입장이나, 국가를 무시하고는 아무런 말도 할 수 없었다.

한편 사회를 국가와 전혀 상관없는 영역으로 보려는 사람들도 있었다. 앞서 살펴보았던 이인직도 이런 사람들에 속한다. 그는 사회라는 말을 사람에 따라 다르게 쓰는 상황을 비판하고 '사회란 무엇인가' 라는 질문에 '다양한 인간 집단' 이라는 답을 내놓았다. 이는 사회를 광범위하고 추상적인 범주로 본 것이다. 이러한 대답은 아마도 이인직이 이미 서구의 사회학이라는 학문에 대해서 들은 적이 있고 콩트나 스펜서의 이론을 접한 적이 있었기 때문에 나올 수 있었을 것이다.

그런데 콩트나 스펜서가 인간 사회와 인류 역사 전체를 연구의 대상으로 삼겠다고 한 것은 그저 학자 개인의 거대한 야망 정도로 이해할 수 있지만, 한말 우리나라의 특수한 상황에서는 이야기가 달랐다. 이인직뿐만 아니라 대부분의 친일 지식인들이 사회를 국가와 무관한 것으로 보려고 애쓴 것은 국가가 위태로운 현실에서 의도적으로 눈을 돌리기 위해서였다.

또한 현대 사회에 대한 기대도 한 이유였다. 친일 지식인들이 보기에 조선은 기억하기에도 끔찍한 구닥다리 전통 사회였으며 일본이야말로 진정한 현대 사회였다. 즉 조선이냐 일본이냐의 문제가 아니라 전통 사회에 남을 것이냐 현대 사회로 나아갈 것이냐의 문제였던 것이다.

이 외에도 사회를 다른 뜻으로 받아들인 사람들이 있었다. 식민지 시기에는 사회를 사회주의와 연관해서 생각하는 사람이 적지 않았다. 사회주의 사상은 일본, 시베리아, 상하이 등을 거쳐 국내에 들어왔고 책, 신문, 강연회 등을 통해 널리 퍼졌다. 우리나라의

볼셰비키가 주도한 러시아의 프롤레타리아 혁명. 가두시위 중인 혁명군.

사회주의자들은 서울청년회, 무산자동지회 등의 단체를 만들거나 독서 모임을 만들어 세력을 키웠다. 이들의 목표는 마르크스, 레닌 V. I. Lenin의 이론에 따른 사회주의 정당 건설이었다.

그러나 우리나라의 사회주의 운동은 유럽과 상황이 다를 수밖에 없었다. 독립이라는 과제가 있었기 때문이다. 사회주의 운동은 자본가 계급이 노동자 계급을 착취하는 계급 모순에 맞서는 것을 목표로 한다. 식민지 시기 우리나라에서도 계급 갈등이 점점 커지고 빈곤 문제가 심각하여 사회주의 운동이 민중의 큰 환영을 받았다. 그런데 계급 투쟁과 민족의 독립 중에 무엇을 우선해야 하는가가 고민이었다. 사실 사회주의는 노동자들의 국제적인 연대를 기본 원칙으로 삼으며 국가를 중요하게 생각하지 않는다. 특히 마르크스는 국가를 자본가 계급의 지배 도구 정도로 보았으며, 결국 사라져야 마땅하다고 주장했다.

노동자들은 곳곳에서 노동조합을 만들었고 농촌에서도 수많은 농민 단체들이 조직되었다. 전국 각지에서 파업도 벌어졌는데, 1929년 원산 총파업에서 절정에 달했다. 일본인 감독이 조선인 노동자를 구타한 사건이 발단이 된 원산 총파업은 원산 인구의 3분의 1이 참여하고 소련, 중국, 프랑스, 일본 노동단체들의 지원을 받은 대규모의 국제적인 파업이었다.

그러나 역사적으로 사회주의를 내세웠던 어떤 정치 세력도 국가에서 자유롭지 못했다. 마르크스가 꿈꿨던 국제적인 연대는 결국 실현되지 못했다. 소련이나 중국이나 북한이나 결국 '국가사회주의'를 넘어서지 못했던 것이다. 소련은 소비에트 연방이라는 말 그대로, 국가를 해체하고 국제적인 사회주의 연대를 추구했지만 결국 1991년에 다시 수많은 국가들로 분리, 해체되고 말았다. 국가의 힘, 정체성은 사회주의자들이 생각했던 것보다 훨씬 강력했다.

국가를 통해서 사회주의를 실현시키려는 사상, 운동을 '국가사회주의'라고 부른다. 히틀러의 나치당Nazis도 정식 명칭은 '국가사회주의독일노동당'이다.

식민지 시대 우리나라의 사회주의 세력도 조국과 민족에 대한 애착이 강했던 당시의 분위기에서, 국가를 되찾는 일보다 계급 간의 모순을 없애는 일이 더 중요하다고 함부로 주장할 수 없었다.

북한군이 퇴각하면서 학살당한 포로들. 1950년 10월 대전.

노동자들에게 조선인 자본가는 적이고 일본인 노동자들은 친구라고 아무리 설명해봐야 먹혀들 리가 없었다. 민중에게는 사회주의 혁명보다 독립이 우선이었고, 국가와 민족이 먼저였다. 부르주아 우익 세력에게 사회주의자들의 이러한 갈등은 더할 나위 없이 좋은 공격거리였다.

이는 다른 나라에서도 마찬가지였다. 2차 대전 때 사회주의자들은 전쟁을 반대하는 노동자들이 전 세계적으로 단결하여 사회주의 혁명을 일으킬 것이라고 기대했지만 실제로는 노동자들끼리 총부리를 겨눴다. 자본가 계급을 타도하는 일보다 조국이 전쟁에서 승리하는 것을 중요하게 여겼기 때문이다.

해방 뒤 우리나라에 반공 이데올로기가 강력하게 뿌리내린 것도 이와 무관하지 않다. 1945년 8월, 해방을 맞이한 우리나라는 자본주의 국가인 미국과 사회주의 국가인 소련에 분할 점령되었다. 그 전까지만 해도 민족주의, 사회주의, 무정부주의 등 다양한 이념이 경쟁하던 상황에서 갑자기 자본주의와 사회주의 둘 중에 하나만 선택해야 하는 처지가 된 것이다.

남북 분단은 수많은 비극을 낳았다. 남한에서 재빠르게 친미파

로 변신하고 반공 운동에 앞장선 친일파는 졸지에 애국자 대접을 받았다. 빨갱이, 공산당은 죽음을 부르는 저주의 주문이 되었다. 남한 단독정부 수립을 반대하는 사람들도 빨갱이로 몰려 처단되었고, 친일파 처벌을 주장하는 사람들도 이마에 빨갱이 딱지가 붙어 찍소리조차 할 수 없었다. 그런 일들이 왜 빨갱이 짓인지에 대해서는 아무도 설명해주지 않았다.

1948년 반국가 활동을 규제한다는 목적에서 제정된 국가보안법은 몇 차례 개정을 통해 지금까지도 존속하며 한국 사회에 반공주의를 뿌리내리는 데 큰 몫을 담당했다. 특히 군사정권 시기에는 국가 안보와 무관하게 학생운동이나 노동운동을 탄압하기 위해 국가보안법을 마구 적용했다. 술자리에서 대통령 험담만 해도 보안법 위반으로 잡혀갔기에 '막걸리 보안법'이란 말까지 나올 정도였다.

한국전쟁을 거치면서 빨갱이 증오는 더욱 거세졌고, 이후 들어선 군사정권들은 이를 독재정치에 철저하게 이용했다. 민주주의를 외치며 거리에서 데모를 벌이는 시민들에 대해서도 군사정권은 "무리 중에 빨갱이가 있다"와 같이 아무도 증명할 수 없는 말 한마디만 던져놓고 무참하게 짓밟았다.

걸핏하면 빨갱이 운운하는 분위기 속에서 자본주의에 대한 비판은 오랫동안 허용되지 않았다. 정당이나 정치인도 이념적으로 다양할 수 없었고, 노동 문제에 대해서도 일방적인 억압과 탄압만 가해져 노사관계가 심각하게 왜곡됐다. 당장 내일이라도 전쟁이 일어날 것 같은 긴장감 속에서 국가는 통제를 강화했으며, 자유로운 시민 사회의 영역이 존재하지 않았다.

이는 남한만의 문제가 아니었다. 남한이 진지한 고민 없이 가장 극단적인 형태의 자본주의를 밀어붙인 것처럼, 북한 역시 사회주의에 대해 진지하게 성찰하며 미래 계획을 세울 수 있는 기회를 갖지 못했다. 이처럼 분단은 남북한 모두에게 헤어나기 어려운 굴레였다. '새는 좌우의 날개로 난다'는 말이 있지만 남한이나 북한이나 한쪽 날개만 미친 듯이 퍼덕이며 날아보겠다고 기를 쓰는 새의 처지를 벗어나지 못했다.

그러나 분단 같이 특수한 문제가 없는 국가들은 달랐다. 대부분 사회주의와 자본주의를 함께 고민하며 유연하게 장점을 취하고, 각각의 장점과 단점을 고려하여 제3의 길을 모색하기도 했다. 예를 들어 '사회민주주의'를 표방하는 북유럽 국가들은 생산력이 뛰어난 시장 경제를 유지하면서도 사회주의적인 제도를 상당 부분 도입하여 국민들의 복지에 힘쓰고 있다.

키다리 아저씨는 사회주의자?

진 웹스터Jean Webster, 《키다리 아저씨*Daddy Long Legs*》(1912)

고아원에서 제일 나이 많은 소녀 주디에게 매달 첫째 수요일은 가장 끔찍한 날이다. 고아원의 후원자들이 방문하는 날이기에 티끌 하나 없이 바닥을 청소하고 아흔일곱 명의 어린 고아들을 단정하게 차려입혀야 한다. 그러던 어느 수요일, 주디에게 엄청난 행운이 찾아온다.

후원자 중 키 큰 신사 한 명이 주디의 글을 읽고 작가로 키우고 싶다며 대학 등록금과 생활비 전부를 지원해주기로 한 것이다. 조건은 오로지 한 달에 한 번 후원자인 익명의 신사에게 편지를 쓰는 것뿐이다. 엉겁결에 대학에 진학하게 된 주디는 후원자의 키 큰 뒷모습을 본 기억을 바탕으로 '키다리 아저씨께'라는 제목으로 일상의 재미있는 일들과 소소한 깨달음 등을 편지에 담아낸다.

세상 사람들 대부분은 인생을 사는 게 아니라 단지 경주를 하고 있을 뿐이에요. 저 멀리 지평선 끝에 목표를 정해놓고는 헐떡대며 달려가고 있어요. 그래서 목표까지 가는 길가에 펼쳐진 아름답고 고요한 경치를 보지도 못하고 그냥 지나쳐 가죠. 그러나 늙고 지치면 그때서야 목표에 도달하든 하지 않든 별 차이가 없다는 것을 깨닫게 돼요. 그래서 저는 위대한 작가가 되지 못하더라도 길가에 앉아 작은 행복들을 가꾸기로 결심했어요.

이 소설은 추리소설이 아니므로 키다리 아저씨의 정체를 밝히는 건 그다지 어렵지 않다. 소설의 절반쯤 읽다 보면 아무리 눈치 없는 독자라도 누가 키다리 아저씨인지 금방 알 수 있다. 그런데 왜 키다리 아저씨는 고아원을 후원하면서 자신과 아무런 관계도 없는 여자아이를 대학에 보내주었을까? 그는 이미 고아원의 남자아이 두 명을 대학에 보내준 전례가 있었고, 세 번째이자 처음으로 여자아이를 후원하게 되었는데 결국 감사편지가 연애편지로 바뀌는 행복한 결말을 맞게 된다.

키다리 아저씨가 고아들을 대학에 보낸 이유는 그가 페이비언Fabian 사회주의자이기 때문이다. 페이비언은 전쟁이나 전투를 오래 지속시키는 지구전(持久戰)으로 카르타고의 명장 한니발Hannibal을 격파한 고대 로마 장군 파비우스Fabius Maximus에서 유래한 말인데, 점진적인 사회주의를 추구하는 사람들을 말한다. 1884년 작가 버나드 쇼George Bernard Shaw와 사회주의 경제학자 웹Sidney and Beatrice Webb 부부, SF소설가 웰즈H. G. Wells 등이 주축이 되어 영국 런던에서 페이비언 협회가 결성되었다. 이 협회에 속한 사람들은 기존의 국가권력과 의회정치를 이용하여 조금씩 사회를 개혁하는 방식으로 사회주의를 실현하려 했다.

프롤레타리아 혁명을 꿈꾼 사회주의자들은 국가의 역할을 인정하는 페이비언 사회주의에 대해 현실성 없는 '개량주의'라며 비판했다. 그러나 페이비언 협회의 이념은 온건하고 점진적인 개혁을 지향하는 사람들의 큰 지지를 받았다. 페이비언 협회는 1900년 영국 노동당 창립에도 크게 기여했는데, 협회의 강령이 노동당 강령의 모태가 되었다.

주변 사람들이 보기에 키다리 아저씨는 '굉장한 부자면서도 돈을 요트나 자동차, 폴로Polo 경기 같은 데 쓰지 않고 말도 안 되는 개혁 단체 같은 곳에 낭비하는 이상한 사람'이며 한마디로 '불안정한 사회주의자'였다. 그러나 그는 페이비언 사회주의자로서 조금씩이라도 사회가 나아질 수 있도록 개혁 단체들을 후원하고 가난한 아이들의 교육을 도운 것이다. 나중에 키다리 아저씨가 어떤 이념에서 자신을 후원하고 있는지 알게 된 주디는 자신도 페이비언 사회주의자가 되겠다고 편지에 쓴다.

내 머릿속, 마음속의 사회

오늘날까지 사회를 설명하는 수백, 수천 가지의 정의와 이론 들이 있었다 하더라도, 사회가 결국 인간들의 모임이라는 기본 전제는 변하지 않았다. 사회가 어떤 모양을 하고 있든, 어떻게 구성되어 있든 그 구성원이 인간이라는 점에는 변함이 없다. 그러므로 '사회란 무엇인가' 라는 질문은 필연적으로 '인간이란 무엇인가' 라는 질문을 동반한다. 인간을 어떤 존재로 보는가에 따라 인간들의 집단인 사회를 보는 시각도 달라질 수밖에 없기 때문이다.

1. 사회는 없다?

지금까지 살펴본 콩트, 스펜서, 마르크스 같은 학자들의 주장에 의하면, 사회는 눈에 보이지 않지만 이 세상에 분명히 존재한다. 사회는 몇몇 사람들의 의지나 행동으로는 쉽게 흔들리지 않는 튼튼하고 안정적인 구조를 지니고 있다. 또한 사회는 사람들의 단순한 총합이 아니라 그 이상의 어떤 것이며, 인간의 생각과 행동에 끊임없이 영향을 미친다. 조금 과장한다면 우리는 모두 사회라는 거대한 손이 실을 잡아당겨 조종하는 꼭두각시 인형과 같은 존재다.

보통 나만의 개성, 나만의 욕망이라고 생각하는 것들도 사실은 내 것이 아닐 수 있다. 명품 핸드백을 사고 싶은 욕망, 고시에 합격하고 싶은 욕망, 멋진 이성 친구를 사귀고 싶은 욕망 같은 것들이 정말로 내 마음속 깊은 곳에서 나온 것일까? 나의 욕망은 나만의

특수한 것이 아니다. 사람들은 대부분 비슷한 욕망을 가지고 산다. 이러한 욕망이 같은 곳, 즉 사회에서 나왔기 때문이다.

만약 사회가 없다면 우리는 지금과 같은 모습으로 살기 어려울 것이다. 소설 《정글북*The Jungle Book*》과 《타잔*Tarzan*》에는 부모와 헤어져 정글에 떨어진 아기가 동물의 젖을 먹고 자라는 이야기가 나온다. 그런데 이런 이야기는 그저 소설 속에만 존재하는 상상이 아니다. 현실에서도 이와 같은 일들이 종종 벌어진다. 1800년에는 프랑스에서 11살 정도의 야생 소년이 발견되었고, 1920년 인도의 정글에서도 늑대가 키운 두 소녀가 발견되었다. 이들은 인간이라기보다 동물에 가까웠다.

소설에서는 주인공이 주변 인물들의 노력으로 점차 인간 사회에 익숙해졌지만 실제로 발견된 아이들은 사회에 잘 적응하지 못했다. 화장실을 사용하고 스스로 옷을 입을 수 있는 정도가 한계였다. 10년을 가르쳐도 40여 개 정도의 단어밖에 익히지 못했다. 이런 사례들은 사회에서 성장하지 않으면 사람도 동물과 별 다를 바 없다는 것을 보여준다.

그런데 과연 사회라는 것이 정말로 존재하는지 한번 의심해볼 필요가 있다. 우리가 보통 사회라고 부르는 것이 혹시 단순히 '사람들'의 다른 표현에 불과한 것은 아닐까? 중요한 것은 정글이냐 도시냐 하는 장소의 문제가 아니다. 도시에서도 간혹 잔인한 부모가 아이를 컴컴한 다락방에 몇 년씩 가둬두었다가 이웃의 신고로 발견되는 경우가 있다. 이런 아이들은 야생에서 발견된 아이들과 마찬가지로, 발견되었을 때 짐승과 같은 반응을 보였다. 말도 못하

그러면 사회성은 후천적인 것일까. 그러나 인간과 가장 가깝다는 침팬지를 태어났을 때부터 죽을 때까지 가르쳐봐도 단어 하나 제대로 익히지 못한다는 사실에서, 선천적인 특징과 후천적인 환경 모두 중요함을 알 수 있다.

1914년에 출간된 《타잔》 표지.

고 엎드려 기며 사람을 물어뜯기도 했다.

그렇다면 과연 눈에 보이지 않는 사회라는 거대한 구조가 떡하니 존재한다는 이야기가 사실일까? 이런 의문을 가지고, 인간을 조종하는 거대한 힘이라는 사회의 존재에 강하게 반발하는 사람들도 적지 않다. 노르웨이의 사회학자 엘스터Jon Elster는 "사회란 존재하지 않는다. 다만 상호작용하는 개인들이 존재할 뿐이다"라고 주장했다. 영국의 대처Margaret Thatcher 전(前) 수상 역시 "사회는 없다. 오직 남자와 여자와 가족들이 존재할 뿐이다"라고 말했다.

사회가 개인들의 외부에 존재하는 거대한 구조라고 생각하는 입장을 '사회실재론'이라고 한다. 반면에 사회는 그저 이름 좋은 허울일 뿐, 실제로는 수많은 개인들만 있을 뿐이라는 입장을 '사회명목론'이라고 부른다. 어떤 이론이 사회실재론에 좀 더 가깝다거나 사회명목론에 좀 더 가깝다고 이야기할 수는 있지만 누구도 극단적인 입장에 서기는 어렵다.

이처럼 우리가 사회라고 부르는 것들이 실제로는 사람들이 서로 맺고 있는 관계일 때가 많다. 야생에서 발견된 아이나 다락방에 갇힌 아이가 동물과 다름없는 것은 사람들과 맺은 관계가 없었기 때문이다. 이러한 관점에서 보면 사회는 결국 개인들 사이의 관계와 그 관계에서 일어나는 상호작용을 모두 모은 것이라고 할 수 있다. 그러므로 정말로 중요한 것은 어디에 있는지도 알 수 없는 사회보다 현실에서 살아 숨 쉬며 말하고 행동하는 개인일지도 모른다.

그렇기에 독일의 사회학자 베버Max Weber에게 있어서 사회 연구는 곧 개인의 '행위'를 연구하는 것이었다. 베버는 콩트나 스펜서처럼 사회 전체를 유기체로 보고 한꺼번에 연구하는 것은 아무런 의미가 없다고 보았다. 그는 거대한 괴물 같은 사회유기체는 환상이며 우리가 할 수 있는 일은 오로지 개인의 행위를 관찰하고 이해하는 것뿐이라고 생각했다.

사회의 규범과 관습을 충실히 따르는 사람이라면 아마도 경제적으로 가장 큰 이익을 얻을 수 있도록 최선을 다하며 살아갈 가능성이 높다. 그런데 현실을 보면 꼭 그렇지만도 않다. 힘들게 모은 재산을 좋은 일에 쓰라며 전부 기부하는 사람들도 종종 볼 수 있고, 다른 사람들은 비웃는 막연한 꿈을 위해 일생을 바치는 사람도 있다. 돈이 최고라고 단언하는 사람들이 많지만 돈보다 더 중요한 가치를 좇아 고민하는 사람들도 적지 않다.

돈을 벌기 위해 안간힘을 쓰는 행위는 합리적이고, 일생동안 번 돈을 한꺼번에 기부하는 행위는 비합리적이라고 이야기할 수 있을까? 베버는 현대 사회의 가장 중요한 특징을 '합리화rationalization'라고 보았고, 이 합리성에 대해서 좀 더 폭넓은 시각을 가졌다. 개인의 다양한 행위를 하나의 잣대로 합리적인지 비합리적인지 가를 수 없다는 것이다.

그러므로 베버는 최소한 4가지 유형으로 개인의 행위를 분류할 수 있다고 보았다. 첫째, '목적 합리적 행위'는 권력, 부, 명예 등 세속적인 목적을 달성하기 위해 가장 적합한 수단을 동원하는 행위를 말한다. 예를 들어 취업을 위해 영어 공부를 하거나 돈을 불리기 위해 주식 투자를 하는 것이 목적 합리적 행위다. 아기를 갖고 싶은 마음에 정안수를 떠놓고 하늘에 빌거나 미운 사람을 해치려고 인형에 바늘을 찌르는 행위는 현대 사회의 상식에 비추어 보았을 때 합리적이지 못한 행위다.

둘째, '가치 합리적 행위'는 규범, 신앙, 가치관 등 특정한 가치의 실현을 목적으로 하는 행위다. 가난한 이웃을 도와야 한다는 신념을 실현하기 위해 평생 모은 재산을 기부하거나 종교적인 이유

로 병역을 거부하는 행위 등이 그 예가 될 것이다. 아무리 돈을 많이 벌 수 있다고 해도 부동산 투기는 절대 하지 않는 사람들이나 환경을 생각하는 마음에 자가용 없이 사는 사람 역시 자신의 가치관에 따라 가치 합리적인 행동을 하는 셈이다.

셋째, '전통적 행위'는 통상적인 관습이나 관례에 따르는 행위를 말한다. 설이나 추석 때마다 엄청난 교통 체증을 견뎌가며 고향을 찾아가는 일에 굳이 특별한 목적이나 가치를 들먹일 필요는 없다. 그것은 우리 민족의 전통이며 관습이므로 사람들이 의심 없이 따라서 한다. 기독교 신자가 자기 편한 시간이 아니라 꼭 일요일

아침에 교회에 가는 것도 관습에 따른 전통적 행위라 할 수 있다.

넷째, '감정적 행위'는 자신의 감정을 표출하는 행위다. 기쁨, 슬픔, 분노 등을 다른 사람에게 드러내는 행위 역시 특정한 목적이나 가치와 상관없다. 사랑하는 사람에게 뽀뽀를 하거나 알미운 사람에게 버럭 화를 내는 것은 모두 감정적인 행위라고 할 수 있다.

그렇지만 인간의 다양한 행위 중에 백 퍼센트 목적 합리적인 행위나 한 치의 빈틈도 없는 가치 합리적인 행위라는 것은 없다. 어려운 이웃에게 따뜻한 마음에서 기부하는 행위에도 은근히 명예를 바라는 목적 합리적인 면이 있을 수 있다. 사랑하는 사람에게 뽀뽀를 하는 것도 오로지 감정적인 행위라고만 할 수 없다. 여기에는 전통적인 측면도 있다. 이마를 몇 대 치며 사랑한다고 고백한다면 관습에 어긋나는 행동이라 상대가 당황할지도 모른다.

베버의 《프로테스탄트 윤리와 자본주의 정신*Die protestantische Ethik und der Geist des Kapitalismus*》은 목적 합리적인 행위와 가치 합리적인 행위가 어떻게 연관될 수 있는지 보여주는 책이다. 이 책에서 베버는 자본주의의 등장에 개신교(프로테스탄트)의 윤리가 큰 역할을 했음을 밝혔다. 그는 경제 영역의 목적 합리적인 행위와 종교의 가치 합리적인 행위가 뒤얽히면서 자본주의라는 새로운 생산 관계가 발달하게 되었다고 주장했다.

베버는 개신교 윤리가 자본주의를 탄생시켰다고 주장하지는 않았다. 개신교 윤리도 자본주의를 낳은 수많은 동력들 중에 하나임을 보여주었을 뿐이다. 그는 개신교 윤리가 자본주의를 '결정'한 것이 아니라 단지 둘 사이에 특정한 연관(그는 이를 '선택적 친화력elective affinity'이라고 표현했다)이 있다고 주장했다.

자본주의 등장의 이면에는 더 많은 이윤을 추구하려는 부르주아의 욕망이 있었다. 그런데 돈을 더 벌고 싶은 마음은 세상 누구나 다 비슷하지 않을까? 중국이든 인도든 조선이든 생산 관계의 갈등은 마찬가지였고, 모든 사람들이 더 많은 재산을 원하는 욕구도 다를 게 없었다. 어떤 시대든 어떤 나라에서든 사람들이 가난뱅이보다는 부자가 되기를 바라는 마음은 한결같았는데, 왜 19세기 서구에서만 자본주의가 등장할 수 있었을까?

상인이나 수공업자들이 길드를 조직하고 교역의 발달에 힘입어 재산을 많이 쌓았으며 이러한 경제력을 바탕으로 부르주아 자본가 계급으로 성장했다는 것은 앞에서 이미 이야기했다. 그런데 그들이 한몫 단단히 벌었다고 해도 곧바로 자본가가 될 수 있었던 것은 아니었다. 당시의 상인이나 수공업자들이 돈을 어느 정도 모았을 때 '이 정도면 죽을 때까지 배는 곯지 않겠다. 이제 그만 일하고 놀아야지' 하고 마음먹었으면 자본주의는 등장할 수 없었다.

자본주의는 자본을 더 많이 축적하기 위해 사람들이 기를 쓰고 달려들 때만 제대로 작동할 수 있다. 적당히 벌고 적당히 쓰는 사람들만 있어서는 지탱될 수 없다. 현재에 만족하지 않고 벌어들인 돈을 몽땅 재투자할 뿐만 아니라 빚을 내서라도 더 많은 돈을 벌기 위해 애써야만 한다. 이것이 19세기 서구에서만 벌어진 현상이었고, 자본주의를 낳은 힘이었다.

자본주의 초기에 부르주아들은 안 먹고 안 써가며 힘들게 돈을 모았다. 허리띠를 조여 매며 몇 년을 저축한 돈으로 땅을 사고 공장을 지었다. 돈이 부족하면 빚을 내서라도 비싼 기계를 사들이고 노동자를 수십 명 고용해서 크게 사업을 벌였다. 이것은 좋게 보면 과감한 투자지만 나쁘게 말하자면 도박에 가까운 일이었다. 그들은 왜 잘못하면 지금까지 모은 돈을 다 잃을지도 모르는 위험을 감수했을까?

놀랍게도 베버는 그 이유를 종교에서 찾았다. 당시 부르주아들은 대부분 개신교도였다. 개신교도에게는 살아 있을 때보다 죽은 다음, 즉 살아 있을 때 잘 먹고 잘 사는 것보다 죽어서 천국에 가는 것이 훨씬 중요한 목표다. 그런데 어떻게 해야 천국에 갈 수 있을까? 종교개혁에 앞장선 루터Martin Luther와 칼뱅Jean Calvin은, 《신약성서》를 근거로 천국에 들어가는 방법을 이렇게 제시했다. 사람들의 직업이 곧 하나님의 소명calling이며 하나님은 자기 직업에 충실한 사람을 가장 어여삐 여긴다는 것이다.

하나님은 사람의 일생을 평가해서 천국에 갈지 지옥에 갈지 결정한다. 그러므로 인생은 곧 시험장이다. 그렇다면 죽기 전에 미리 자기 점수를 알 수 있는 방법은 없을까? 칼뱅은 '예정설'을 통해 하나님에게 구원받을 예정인 사람들은 이미 낙점되어 있으며 그 증표를 현세에서 찾을 수 있다고 설명했다. 구원의 증표는 바로 '속세에서의 경제적 성공'이었다. 하나님의 소명인 자기 직업에서 성공을 거두고 돈을 많이 버는 것이야말로 하나님이 개신교도들에게 보여주는 유일한 구원의 증표였다.

이런 교의를 받아들인 개신교도들은 근검절약하며 재산을 키웠다. 천국에 들어가겠다는 일념으로 돈을 쌓고 또 쌓았다. 이처럼 종교적 가치를 위한 가치 합리적인 행위와 경제적인 부를 위한 목적 합리적인 행위가 신기하게도 잘 맞아떨어지면서 서로 힘껏 추진력을 보태주었다. 베버에 따르면 열심히 일해서 번 돈을 놀고먹는 데 쓰지 않고 고이 모셔두었다가 사업에 재투자하는 개신교도들의 독특한 금욕주의야말로 자본주의의 등장에 기여한 '자본주

아끼거라~
내 어린 양아
주여~
옷이 낡았는데
한 벌 사면
안 될까요?

의 정신' 이었다.

베버의 연구에서 우리가 알 수 있는 사실은 사회의 변화에 인간의 정신이 큰 영향을 미칠 수 있다는 점이다. 마르크스의 입장에서 본다면 사회의 경제적 변화가 먼저 일어나고, 이러한 변화에 적응하기 위해 사람들이 어쩔 수 없이 자본주의 정신을 만들어냈다고 생각할 수도 있다. 그러나 베버는 반대로 경제와 아무런 상관이 없는 종교 윤리가 사회를 자본주의 경제 체제로 변화시키는 데 큰 역할을 했음을 보여주었다. 인간은 결코 빵만으로 살지 않으며 인간의 정신은 단순히 사회의 현실을 반영하는 데 그치지 않는다. 수많은 사람들의 공통된 가치관이나 믿음이 사회를 바꿀 수도 있다.

흔히 마르크스는 물질적인 조건을 정신보다 중요하게 본 반면, 베버는 정신을 더 중요하게 여겼다고 본다. 그러나 이처럼 단순하게 둘을 대립시키면 두 사람 사이의 많은 공통점과 보완점을 놓치게 된다. 마르크스와 베버는 둘 다 '정신이 먼저냐, 물질이 먼저냐' 같은 단순 도식을 극복하려고 했으며 현대 사회의 가장 큰 특징이 된 '자본주의'의 정체를 밝히는 데 온 힘을 기울였다.

2. 개인을 억압하고 감시하는 사회

사회는 우리가 사회의 규범과 관습에 동의하고 그대로 따라줄 때만 안정적으로 유지될 수 있다. 사회를 구성하는 것은 그 누구도 아닌 바로 우리 자신이기 때문이다. 그러므로 사회를 변화시키는 힘도 결국은 우리에게서 나온다. 흔히 이야기하듯이, '혼자서 꾸는 꿈은 꿈일 뿐이지만 모두 함께 꾸는 꿈은 현실이 된다'.

그런데 이것은 지나치게 낙관적인 생각이 아닐까? 사회에는 눈에 보이지 않지만 개인을 옭아매는 거대한 구조 같은 것이 분명히 존재한다. 예를 들면 자본주의 생산 양식, 권력 같은 것들이다. 그럼에도 단순하게 일상에서 사람들끼리 주고받는 대화나 행동 같은 것들이 바로 사회이며 그 외에는 아무것도 없다고 주장한다면, 사회의 좀 더 중요한 특징을 놓치게 되는 것이 아닐까.

현대인은 과연 실에 매달린 꼭두각시 인형일까, 아니면 자신의 의지로 사회를 바꿀 수 있는 자유로운 개인일까? 우리는 스스로 우리들이 역사상 가장 '문명화' 된 인간으로, 옛날 야만인과는 질적으로 엄청난 차이가 있다고 자신한다. 서양의 잣대로 보면 지난 몇 백 년의 역사는 문명화라고 부르는 데 전혀 문제될 게 없을 만한 과정이었다. 물질적인 면에서 과거와 비교할 수 없을 정도로 발전을 이루었고, 지적인 면에서도 신의 영역으로 여겨졌던 생명과 우주의 신비를 한 겹 한 겹 벗겨내는 데 성공했기 때문이다.

그러나 독일의 사회학자 엘리아스Norbert Elias는 소위 '문명화' 라는 변화가 그렇게 마냥 우러러보기만 할 일은 아니라고 주장했다. 그는 자신의 저서 《문명화 과정*über den Prozeß der Zivilisation*》에서 현대인이 어떤 과정을 거쳐 오늘날의 모습에 이르게 되었는지, 중세와 르네상스 시대에 무수히 쏟아져 나온 예법서들을 검토하며 예절과 매너의 역사적인 변화를 추적했다.

엘리아스에 따르면 중세인은 현대인에 비해 신체 노출이나 접촉, 생리 현상을 해결하는 일 등에 거리낌이 없었다. 집에서 공중목욕탕까지 벌거벗고 뛰어가는 사람도 흔했고, 길거리에서 아무렇게나 대소변을 보는 사람도 많았다. 본능적인 충동을 억누르지 못해서 걸핏하면 버럭 화를 내거나 다른 사람들과 주먹질을 하기 일쑤였다. 이처럼 중세인들은 마치 어린아이처럼 단순하고 소박했다. 중세인들에게는 친구 아니면 적, 좋은 것 아니면 나쁜 것이라는 아주 단순한 구분만 있을 뿐이었다.

그런데 르네상스를 거치며 점차 본능에 대한 제재, 상스러움에 대한 수치심 등이 모습을 드러내기 시작했다. 사람들을 가르치는 수많은 예법서들도 이 시기에 등장했다. 예를 들어 에라스무스Desiderius Erasmus는 세련된 행동을 위해 '너무 늦게 걸어도 안 되고 너무 빨리 걸어도 안 된다'라고 이야기했다. 예법서에 실린 이런 말들은 점차 외부의 강제가 아니라 사람들의 내면에서 자신을 속박하게 되었다. 또한 이러한 규칙들이 계급 간의 차별 수단으로도 이용되었다. 에라스무스의 말 역시 여러 판본을 거치면서 '귀족은 하인처럼 뛰어서는 안 된다. 그렇다고 여자처럼 느리게 걸어서도 안 된다'와 같이 사회적 차별을 포함하게 되었다.

예법서는 걸음걸이뿐만 아니라 일상적인 행동 대부분을 세세하게 가르쳤다. 식탁에서는 '그릇째 들이마시지 말고 수저를 써라, 식사하면서 코를 후비지 마라, 나이프로 이를 쑤시지 마라' 같은 예절이 중요하게 다뤄졌다. (이는 당시 사람들이 식탁에서 늘 이런 행동을 했다는 증거도 된다.) 궁정(宮廷)의 귀족들은 예법서에 실려 있는 세련된 예절을 철저하게 익혀야 했다.

이러한 문명화 과정에서 가장 극적이고 중요한 장면은 목숨을 걸고 싸우던 거친 기사들이 궁정에 들어가 강아지처럼 얌전하게 길들여진 일이다. 중세 기사들은 영화에 나오는 것처럼 백마를 타고 망토를 휘날리는 낭만적인 모습만 지니고 있지 않았다. 그들은 예법서에서 하지 말라는 행동들을 모두 거리낌 없이 하는 인간들이었다. 언제라도 주먹을 휘두를 준비가 되어 있었으며 아무데서

나 방귀를 뀌고 트림을 했다.

이들이 궁정에 들어가 세련된 예절을 갖춘 궁정인이 된 것이 바로 문명화의 핵심 과정이었다. 전쟁터에서의 승리는 단순히 힘의 우열에 달려 있으나 궁정의 권력 투쟁은 치밀한 정략과 술수에 따라 이루어진다. 온갖 계략이 판치는 궁정에서 감정을 솔직히 드러내며 즉흥적으로 행동하는 인간은 살아남을 수 없는 법이다. 이처럼 달라진 권력 투쟁의 양상이 사람들의 심성을 바꿔놓았다.

르네상스 시대의 네덜란드 화가 얀 에이크가 묘사한 기사의 모습.

원래 기사들은 뒷일은 생각하지 않고 오직 명예를 기준으로 움직였다. 행동의 결과를 계산하며 행동하는 것은 기사의 입장에서 볼 때 비겁한 짓이었다. 그러나 궁정에 들어간 기사들은 속마음을 감추고 신중하게 다른 사람의 행동을 관찰하기 시작했다. 이제 일단 저지르고 보자는 태도가 아니라, 몇 단계 앞의 결과를 미리 계산하며 냉철하게 행동해야만 했다.

그런데 궁정의 예법은 기사들만 길들인 것이 아니었다. 18세기 이후 막강한 경제력을 바탕으로 궁정에 들어오기 시작한 부르주아도 이를 그대로 받아들였다. 부르주아들은 궁정에 들어가 한자리 끼거나, 적어도 궁정의 고상한 예법은 따라해야 한다는 강박관념을 가지고 있었다. 그들은 궁정의 세련된 예법을 '예절' 이라고 부르지 않고 '문명' 이라고 부르기 시작했다. 이렇게 궁정의 귀족에서 부르주아에게 전파된 '문명' 은 학교 교육을 통해 사회 전 계층으로 확산되었다.

궁정 예절이 궁정 밖으로까지 퍼지면서, 또한 궁정 예절이 문명이라는 이름을 달게 되면서 사람들은 점점 더 섬세한 감정을 지니게 되었고 더 세련된 행동을 요구받게 되었다. 이때 사람들의 행동을 절제하게 한 요인이 예법서 같은 외부의 통제에서, 점차 내면의 통제로 변했다는 점이 중요하다. 즉 누가 강제로 시키지도 않았는데 사람들 스스로 본능을 억제하고 예의 바른 사람이 되기 위해 노력했던 것이다.

그러므로 우리는 현대인의 전형을 궁정인, 즉 '길들여진 기사' 의 모습에서 찾을 수 있다. 이 인간형의 특징은 다음과 같다. 첫째,

심사숙고하고 장기적 안목을 지녔다. 둘째, 충동 억제와 자기 절제에 능하다. 셋째, 타인을 세밀하게 관찰한다. 이러한 인간형의 변화는 '내면화된 사회'의 변화라고 할 수 있다. 내면화된 사회는 개인의 머릿속, 마음속에 들어 있는 사회를 뜻하는데, 사회규범을 어겼을 때 죄의식을 느끼고 그것을 지켰을 때 긍지를 느끼는 것은 모두 이 내면화된 사회 때문이다.

오스트리아의 심리학자 프로이트Sigmund Freud는 개인의 내면을 구성하는 세 가지 요소로 자아ego(경험하고 성찰하는 의식적인 나), 이드id(무의식에 존재하는 공격적인 충동 욕구), 초자아Super-ego(전통과 관습, 도덕 및 부모로 인한 내면적, 무의식적 억압)를 꼽았다. 프로이트의 용어를 빌리자면 '내면화된 사회'는 '초자아'에 해당한다.

'식사하면서 코를 후비지 마라'와 같은 예법서의 가르침에 중세인들이 콧방귀를 뀌며 티끌만큼도 신경 쓰지 않았다면 얌전하고 예의 바른 현대인은 등장하지 못했을 것이다. 문제는 이런 변화가 개인의 선택과 무관하다는 점이다. 개인이 제각기 자기 마음에 드는 사회규범을 만들거나 선택하는 것은 불가능하다. 나는 나 자신의 눈이 아닌 다른 사람들의 눈, 즉 사회의 눈으로 나를 바라보며 거기에 맞추어 자신을 변화시킨다. 기사가 예의 바른 궁정인이 되고 사회 모든 계층이 궁정 예절을 따라하게 된 것은 사람들 스스로 사회의 규범을 내면화한 결과였다.

그러나 엘리아스의 문명화 이론에 반대하는 학자도 많다. 특히 독일의 역사학자 뒤르Hans-Peter Duerr는 방대한 문헌과 자료를 근거로 엘리아스의 '문명화' 개념을 조목조목 반박했다. 그는 현대인이 중세인보다 동물적인 본성을 더 잘 통제하고 있다는 엘리아스의 주장이 허구라고 주장했다. 중세인은 수치심과 혐오감에 민감했으며 오히려 육체의 노골적인 성적 상품화는 현대 사회의 새로운 현상이라는 것이다.

이렇게 궁정의 예절이 왕족에서 기사로, 기사에서 부르주아로 이어 내려간 과정을 살펴보면 이러한 변화에 한 가지 중요한 힘이 작용한 것을 알 수 있다. 그 힘은 바로 '권력'이다. 기사는 마지못해 궁정의 법칙을 따라야 했고, 부르주아는 자신의 사회적 지위를 높이기 위해 궁정의 예절을 몸에 익혔다. 그들은 동등한 위치에 있지 않았고, 스스로 선택할 수 있는 권한이 없었다.

권력은 '다른 사람에게 강제로 어떤 일을 시킬 수 있는 힘'으로 정의할 수 있는데, 어떠한 인간관계에서든 권력이 나타난다. 사람들의 일상적인 상호작용을 사회라고 보고, 인간의 의지에 따라 사회 안에서 충분히 자유로울 수 있다고 낙관할 수 없는 이유가 여기에 있다. 인간관계는 곧 권력의 관계이기도 하기 때문이다. 권력은 개인이나 집단, 제도, 국가 등 다양한 세력 관계에서 발생하고 어디에나 존재하지만 결코 공평하게 존재하지는 않는다.

사람들의 표정, 몸짓, 말들의 일정한 규칙은 일상생활에서 다양한 인간관계를 맺는 중에 만들어진다. 어떤 사람은 이렇게 만들어진 일정한 규칙들을 사회 그 자체라고 보기도 한다. 그런데 이러한 규칙은 단순히 상호작용을 통해 만들어지는 것이 아니다. 여기에도 권력이 작용한다. 수많은 관계 속에서 권력은 삶의 유형을 규정하고 특정한 신체, 몸짓, 행동을 사람들이 반드시 따라야 하는 규칙으로 만들어낸다.

권력이 이렇게 작동하는 데에는 지식이 동원된다. 권력은 지식을 만들어내며, 권력과 무관한 지식이 독자적으로 생겨나는 것은 불가능하다. 지식은 탁월한 개인 한 명의 머리에서 나오는 것이 아니라 권력과의 관계에서 나온다. 권력에 복종하는 지식이든 불복종하는 지식이든 마찬가지다. 사회계약론은 왕의 권력을 무너뜨리고 시민의 권력을 세우기 위한 이론이었고, 마르크스는 자신의 이론을 통해 노동자들이 자본가에게서 권력을 빼앗아야 한다고 주장했다.

프랑스의 사회학자 푸코Michel Foucault는 인간관계 속에 존재하며 지식을 생산하는 권력, 더 나아가 인간 자체를 만들어내는 현대 사회의 권력을 '규율 권력'이라고 불렀다. 규율은 보통 학교,

태양으로 묘사된 프랑스 루이 14세.

공장, 감옥, 수도원, 군대의 조직 등을 통해 확산되는데, 푸코에 따르면 현대 사회의 규율 권력은 절대왕정 시대의 권력처럼 단순히 개인을 억압하고 처벌하는 것이 아니라 개인을 사회에 유용한 자원으로 빚어내는 것을 목적으로 한다.

절대왕정 시대에 왕의 권력은 그야말로 무시무시한 괴물 같았다. 왕의 권력에 저항하는 자는 반역죄로 체포되어 처형당했다. 광장에 모여 권력에 저항한 죄인의 사지가 처참하게 찢기는 모습을 바라보아야 했던 사람들은 조금이라도 권력에 대들었다가는 자신도 저 꼴이 될 수 있다는 생각에 잔뜩 주눅이 들었다. 왕의 권력은 이렇게 사람들의 두려움을 바탕으로 유지될 수 있었다.

현대 사회로 오면서 이처럼 잔인하고 야만적인 권력은 거의 사라졌다. 사형제를 폐지하는 국가가 점점 늘어나고 고문이나 잔혹한 체벌도 금지되었다. 연쇄살인범이든 강간범이든 법에 의해 최소한의 인권을 존중받게 되었다. '눈에는 눈, 이에는 이' 방식의 잔인한 처벌 대신 교화를 통해 다시 '정상인'으로 만들어 사회에 돌려보내는 제도가 자리 잡았다.

1977년 유엔의 사형 철폐 권고 결의안 이후 사형제 폐지는 세계적 추세가 되었다. 1977년 16개국이던 폐지국은 2007년에 92개국으로 늘어났고, '실질적 사형 폐지국'까지 합치면 128개국이나 된다. (10년 이상 사형이 집행되지 않으면 실질적 사형 폐지국으로 분류된다.) 우리나라도 2007년에 실질적인 사형제 폐지 국가에 속하게 되었지만, 강력 범죄가 일어날 때마다 사형제 폐지를 둘러싸고 격렬한 논쟁이 벌어진다.

많은 사람들이 이러한 변화를 사회의 진보라고 생각했지만, 푸코는 다르게 보았다. 그는 절대왕정 시대의 야만적인 권력이 거칠고 성긴 그물로 사람들을 가두고 있었다면, 현대 사회의 권력은 훨씬 촘촘하고 질긴 그물로 사람들을 얽매고 있다고 생각했다. 이제 권력은 처형장 한편의 높은 의자에 앉아 공포에 질린 사람들을 내려다보던 왕처럼 직접적으로 눈에 보이지는 않는다. 대신 사회 곳곳에 자연스럽게 스며들어서 사람들을 꼼짝 못하게 한다.

규율 권력이 가장 효율적으로 작동하는 장치로 푸코가 예를 든 것은 '원형감옥', 즉 '파놉티콘panopticon'이다. 파놉티콘은 중앙에 감시탑이 있고 감시탑 주변에 여러 개의 작은 감방들이 빙 둘러 배치되어 있다. 중앙 감시탑에서 간수는 죄수들의 일거수일투족을 볼 수 있으나 죄수들은 간수를 볼 수 없다. 간수가 잠시 자리

파놉티콘.

를 비우든 농땡이를 피우든 상관없이 죄수들은 늘 감시당하고 있다고 생각하며 꼼짝 못하게 된다. 그런데 이처럼 효과적인 감시 방법은 감옥에만 국한되지 않고, 공장, 학교, 병원, 군대를 넘어서 사회 전체로 확산된다.

감옥에 갇힌 죄수는 일과표의 정해진 시간에 따라 일어나고 씻고 밥을 먹고 노동을 한다. 화장실에 가는 시간도 정해져 있다. 어떤 일도 자기 마음대로 할 수 없으며 규칙을 어기면 벌을 받는다. 그런데 감옥만큼 노골적이지는 않지만 사회의 다른 영역에서도 같은 원칙이 적용된다. 학교에서 하루 종일 꼼짝 못하고 공부만 하는 훈련을 제대로 마친 사람들은 나중에 출근 시간을 엄수하고 근무 시간에는 성실히 일만 하는 직장 생활에 잘 적응할 수 있다. 수많은 규율을 몸에 깊이 새기는 과정을 통해 개인은 사회에 적합한 '인적 자원' 으로 길들여진다.

군대에서는 조교가 훈련병을 끊임없이 감시하고 일탈 행위를 처벌하지만, 사회에서는 그럴 필요가 없다. 학교, 군대, 회사 등을 통해 잘 훈련된 사람들의 머릿속에 이미 자신만의 '조교' 가 한 명씩 들어 있기 때문이다. 내 머릿속의 조교는 끊임없이 속삭이고 때로는 윽박지른다. '다들 새벽에 영어 학원에 다니는데 나는 늦잠만 자다니. 나 같은 게으름뱅이는 사회에서 패배자가 될 수밖에 없어.' '빨리 돈을 많이 벌어서 큰 집도 사고 큰 차도 사야 하는데, 남들 보기 부끄럽게 이게 뭐람.'

결국 푸코의 연구에 따르면 18세기 계몽주의 사상가들이 희망을 걸었던 이성적이고 성찰적인 개인이란, 실제로는 규율 권력에 의해 만들어진 존재에 불과하다. 현대 사회의 개인은 학교, 병원, 교회, 군대, 감옥 등에서 길들여지고 통제되는 과정에서 만들어진 것이다. 권력은 정상적이고 건강하고 온순하고 능력 있는, 즉 권력의 기준에 적합한 개인을 생산한다. 은근하면서도 세련된 규율 권력의 그물 속에서 개인은 자발적으로 권력의 기준을 자신의 '고유한' 기준으로 인정하고 받아들인다.

인간의 이성이 주도하는 계몽주의의 기획이 사실상 효력을 다했다고 생각하는 푸코와 같은 학자들에 반대하며 여전히 이성에 희망을 거는 학자들도 많이 있다. 독일 프랑크푸르트학파의 아도르노Theodor Adorno는 이성 자체가 문제라기보다 이성이 지배 계급의 도구가 되어버린 것이 문제라고 보았으며 비판적 이성이 다시 살아나야 한다고 주장했다. 독일의 사회학자 하버마스Jürgen Habermas 역시 비판적 이성을 갖춘 사람들이 자유롭고 개방적인 의사소통communication을 통해 최선의 합의에 도달할 수 있으리라 기대했다.

3. 자유를 향한 첫걸음

규율 권력에 대한 푸코의 이론은 한국 사회에도 의미하는 바가 크다. 특히 우리의 1970, 1980년대를 돌아보면 규율 권력의 예를 곳곳에서 쉽게 찾을 수 있다. 애국조회나 국기게양식 때 지켜야 하는 몸가짐에 대한 세세한 규칙, 체육 시간이나 교련 시간의 제식훈련과 같은 노골적인 신체 검열뿐만 아니라 〈국민교육헌장〉 외우기, 반공포스터 그리기, 웅변대회 등과 같이 은근하게 정신에 침투하는 권력의 그물이 넓게 드리워져 있었다.

시간과 관련된 규율이나 시험, 검사, 기록도 점점 더 강도를 높여갔다. 학생들이 치르는 시험은 횟수와 강도가 계속 증가했고 출근 시간, 근무 시간은 분 단위로 통제되었다. 학생들은 하루 종일

학교에 붙들려서 꼼짝없이 공부만 했고, 노동자들은 끊임없이 생산성 증대에 힘써야 했다. 한국 사회의 개인은 누구나 모범생, 성실한 노동자, 대한민국의 미래를 짊어진 일꾼으로 거듭나야 했다.

그렇다면 독재 권력에서 벗어나 민주화가 진행된 21세기 한국 사회에서도 규율 권력은 여전히 유효할까. 세계화 시대로 일컬어지는 오늘날에는 새로운 유형의 권력 관계가 도래한 듯하다. 학교나 공장 등 대표적인 규율 기구 내에서는 예전보다 상당히 흐트러진 모습을 쉽게 찾아볼 수 있다. 학생들은 교사의 말을 안 듣고 회사에도 개인주의가 팽배하다. 지식인들은 어떤 권위도 존중받지 못하는 세태에 탄식한다.

그러나 규율 권력은 약해진 것이 아니라 방식을 바꾼 것뿐이다. 사람들은 소비물신주의에 얽매여 있으며 자기 계발에 대한 끊임없는 강요에 시달리고 있다. 중세의 수많은 예법서 대신 오늘날에는 실용서, 처세서라고 불리는 책들이 서점을 가득 메우고 있다. 이 책들은 끊임없이 절제하고 스스로 자아를 통제해야 한다고 가르치며 구체적인 시간 활용법이나 몇 억 원을 모으기 위한 재테크 방법까지 알려준다. 우리는 여전히 권력이 정해놓은 '사회에 유용한 인간형'에 자신을 끼워 맞추기 위해 안간힘을 쓰고 있다.

자신을 묶고 있는 끈을 바라보는 꼭두각시

개인은 홀로 떨어져 존재하지 않으며 사회 역시 개인과 별도로 존재하는 폐쇄적인 굴레가 아니다. 개인은 늘 타인에게 열려 있고 사회는 이러한 개인들이 맺고 있는 상호관계의 그물과 같다. 만약 사회가 개인들의 합에 지나지 않는다고 본다면 모든 잘못은 결국 개개인의 책임일 것이다. 이런 입장에서 보면 문제가 생길 때마다 개인 탓으로 돌리는 것 외에 달리 방법이 없다. 2차 대전은 히틀러 때문이며 한국 사회의 모든 문제는 다 대통령 탓이 된다. 반면에 인간이 실에 매달린 꼭두각시 인형처럼 아무 힘도 없는 존재라면 오로지 거대한 사회에 잘 적응하며 사는 것 외에 할 수 있는 일이 전혀 없다.

미국의 사회학자 버거Peter Berger는 인간이 사회의 교묘한 끈에 매달린 꼭두각시 인형에 불과할지도 모른다고 순순히 인정했다. 그러나 그는 꼭두각시 인형과 인간 사이에 결정적인 차이가 있다고 보았다. 꼭두각시 인형과 달리 우리는 행동 중에 멈춰 서서 고개를 들어 우리를 움직이는 장치를 쳐다볼 수 있는 능력을 가지고 있다. 그는 고개를 들어 장치를 쳐다보는 행위, 바로 이 행위에 자유를 향한 첫걸음이 놓여 있다고 주장했다.

자유를 향한 첫걸음은 이처럼 우리를 둘러싸고 있는 권력관계에 대한 개인적인 자각, 성찰에서 시작할지도 모른다. 자유를 '소극적 자유'와 '적극적 자유'로 구분해서 이야기한다면 진정으로 자유로운 사람이 되기 위해서는 두 가지 자유를 모두 누려야만 한다. 타인 또는 외부의 간섭, 강제, 방해를 받지 않는 자유, 즉 '어떤 일을 하지 않아도 되는 자유'는 '소극적 자유'다. 즉 소극적 자유는 눈에 보이는 권력에 노골적으로 억압받지 않는 상태를 말한다.

영국 철학자 벌린Isaiah Berlin은 《자유에 대한 4편의 에세이*Four Essays on Liberty*》에서 '소극적 자유negative freedom'와 '적극적 자유positive freedom'를 구분했다. 애초에 벌린은 보수적인 입장에서 소극적 자유가 더 근본적인 자유라고 주장했는데, 이후 프롬Erich Fromm과 아렌트Hannah Arendt 등이 벌린을 비판하며 적극적 자유에 더 큰 의미를 부여했다.

우리는 1980년대 민주화 투쟁을 통해 소극적 자유의 기본적인 토대를 마련했다. 그런데 부당한 간섭과 억압에서 벗어나는 것은

1987년 부산에서 열린 민주화 시위.
© 부산지역 6월항쟁 사진집.

자유에 대한 최소한의 필요조건이며 충분조건은 아니다. 진정한 자유인이 되려면 다른 사람의 간섭을 받지 않는 것을 넘어서 스스로 권리와 자유를 행사할 수 있는 힘을 가져야 한다. '어떤 일을 할 수 있는 자유', 이것이 바로 '적극적 자유'다.

한국 사회의 민주화는 아직 정치적, 절차적 민주화에 국한되며 진정한 민주화에 이르기까지 갈 길이 멀다고 평가된다. 얼핏 보면 누구나 자유로워 보이지만 실제로 적극적 자유와 소극적 자유를 모두 누릴 수 있는 사람은 오로지 소수의 강자뿐이기 때문이다.

장애인이나 독거노인 같은 사회적 소수자들이 어딘가에 갇혀 있거나 아무 일도 하지 못하게 방해받지는 않는다. 그러나 이들이 진정으로 자유롭다고 말하기는 어렵다. 자기 힘으로 거리를 돌아다니고 싶지만 수많은 장애물과 불편한 대중교통 때문에 밖에 나가지 못하는 장애인, 일자리를 간절히 원해도 취업을 할 수 없는 실업자들은 자신의 의지를 실현할 수 있는 적극적 자유를 누리지 못한다. 능력 있는 자만이 알아서 자유를 챙길 수 있는 사회는 진정으로 자유로운 사회가 아니다.

사회는 수많은 사람들의 공통된 가치관과 신념에 따른 실천에 의해 바뀔 수 있다. 그러나 대체로 사람들은 은밀하고 세련된 방식으로 사회가 개인에게 내면화시킨 가치관을 별 의심 없이 자기 것으로 받아들이고 산다. 다행히 인간은 고개를 들어 자신의 팔다리를 매고 있는 줄을 쳐다볼 수 있는 능력을 가지고 있긴 하지만, 힘들여 고개를 들 생각조차 않는 사람은 진짜 꼭두각시 인형과 다를 바가 없다.

엘리아스는 사회를 축구 경기에 비유하기도 했다. 축구 경기에서 선수들은 어느 한 순간도 멈추지 않고 일정한 틀 속에서 움직이지만, 경기의 모든 내용이 미리 짜여 있지는 않다. 선수들의 역량과 팀워크 등에 따라 경기는 누구도 예측할 수 없는 방향으로 진행된다. 사회도 이와 마찬가지다. 축구 경기의 규칙과 같이 개인이 건드릴 수 없는 구조가 존재하긴 하지만, 개인들의 의지와 행위에 따라 경기의 내용과 결과가 달라진다.

피노키오는 어떻게 사람이 되었는가

카를로 콜로디Carlo Collodi, 《피노키오의 모험*Le adventure di Pinocchio*》(1883)

목수 제페토는 나무토막을 깎아서 만든 꼭두각시 인형을 아들로 삼고 '피노키오'라고 이름을 붙인다. 피노키오는 사람처럼 말하고 행동할 수 있는 인형이었는데, 착한 일을 많이 해서 진짜 사람이 되는 것이 소원이었다. 그러나 게으르고 노는 것만 좋아하는 말썽쟁이 피노키오는 제페토와 마음씨 고운 요정의 말을 듣지 않고 나쁜 친구들의 꾐에 빠져서 놀러 다니기만 한다.

계속되는 위험천만한 사건들에서 간신히 벗어난 피노키오는 정말로 열심히 공부하며 착하게 살겠다고 약속하고 일 년 동안 약속을 잘 지킨다. 요정은 아주 기뻐하며 다음 날 마침내 피노키오가 인간이 될 것이라고 얘기해준다.

하지만 피노키오는 그날 밤 친구들의 꼬임에 빠져 장난감 마을로 떠나버린다. 학교에서 제일 게으르고 말썽꾸러기인 친구는 다음과 같은 말로 피노키오를 유혹한다.

> 장난감 마을엔 학교도 없고 선생도 없어. 책도 없지. 그 축복받은 마을에서는 공부를 하지 않아도 된다고. 목요일엔 학교에 가지 않아도 되는데, 일주일에 목요일이 여섯 번이고 일요일이 한 번이야. 가을방학이 1월 1일에 시작해서 12월 31일에 끝난다고 상상해보렴. 정말 내 마음에 드는 마을이야.

이렇게 해서 따라간 장난감 마을은 그야말로 지상낙원이었다. 피노키오는 책 한 장 보지 않고 학교에도 가지 않고 하루 종일 장난감을 가지고 놀며 다섯 달을 보낸다. 그러던 어느 날 아침 피노키오는 자신이 당나귀로 변했고 당나귀 울음소리를 내고 있다는 사실을 발견한다. 당나귀가 된 피노키오는 서커스단에 팔리고 우여곡절 끝에 간신히 다시 꼭두각시로 돌아온다.

피노키오는 결국 인간이 되었을까? 천신만고 끝에 아빠 제페토와 함께 집으로 돌아온 피노키오는 매일 아침 일찍 일어나 일을 하고 병든 아빠를 수발했다. 낮에는 일하고 밤에는 글쓰기와 읽기 공부를 했다. 돈이 없었으므로 두꺼운 헌 책을 사서 읽기 공부를 하고 나뭇가지에 버찌 즙을 찍어 쓰기 공부를 했다.

이렇게 다섯 달을 성실하게 보낸 후 힘들게 모은 돈을 가지고 새 옷을 사러 가는 길에 피노키오는 요정이 아파서 누워 있다는 소식을 듣는다. 그는 새 옷을 포기하고 자신에게 엄마나 마찬가지인 요정을 돕기 위해 모은 돈을 모두 내놓는다. 그날 밤 피노키오는 꿈속에서 요정을 만난다.

장하다. 피노키오! 네가 착한 마음을 가진 아이이기 때문에 지금까지 나쁜 행동을 했어도 모두 용서해주려고 한단다. 가난하고 병든 부모님을 진심으로 돌봐 드리는 아이는, 비록 말 잘 듣고 착한 행동을 하는 모범적인 아이가 아니라고 해도 항상 많은 칭찬과 사랑을 받을 만한 가치가 있는 거란다. 앞으로도 올바르게 행동하여라. 그러면 행복할 거야.

잠에서 깨어난 피노키오는 잘생긴 아이가 되어 있었다. 한때 다섯 달을 내리 놀다가 당나귀로 변하기까지 했던 나무인형 피노키오는 다섯 달 동안 일하고 공부하며 다른 사람을 위해 마음을 쓴 덕에 마침내 인간이 될 수 있었다.

피노키오는 나무인형일 때에도 이미 인간처럼 말하고 행동할 수 있었다. 그러나 피노키오가 '진정한 인간'이 되기까지는 수많은 시행착오를 겪어야 했다. 《피노키오의 모험》은 단순히 착한 아이가 되라는 교훈적인 이야기를 넘어서 어떻게 사람들이 사회에 적합한 인간으로 만들어지고 이를 통해 사회가 안정적으로 유지될 수 있는지 알려준다.

사회는 여전히 공동체다

사회는 계속 변화하는 개념이다. 그러나 사회가 사람들의 집단이라는 사실만큼은 변함이 없다. 인간이 혼자서도 잘 살 수 있었다면 사회를 만들지 않았을 것이다. 최초의 사회는 사람들이 모여서 공공의 이익을 위해 힘쓰던 정치공동체였다. 현대로 올수록 사적인 영역으로서의 의미가 커지기는 했지만 여전히 사회는 인간에게 중요한 공동체로 작용하고 있다.

그런데 오늘날 사회는 공동체가 아니며, 심지어는 공동체와 대립되는 개념이라는 주장이 힘을 얻고 있다. 사회는 인간들의 집단이기는 하지만 공동체는 아니라는 뜻일까? 왜 사회와 공동체를 구분하게 되었을까?

1. 공동체를 잃어버리다

교통과 통신이 발달하지 않았던 예전에는 사람들 사이의 관계가 무척 협소했다. 웬만해서는 마을 안에서 모든 것이 다 해결되었기에 타향 사람들에 대한 경계심도 컸다. 사람들은 옆집에 숟가락이 몇 개인지, 어젯밤에 어떤 일이 있었는지 다 알고 있었으며, 일생 동안 혈연(血緣)이나 지연(地緣)으로 이어진 사람들만 만나고 살아도 사는 데 아무런 지장이 없었다.

서양의 중세에 생겨난 길드는 이런 의미에서 완전히 새로운 집단이었다. 아무런 혈연, 지연이 없는 사람들이 단지 같은 업종에

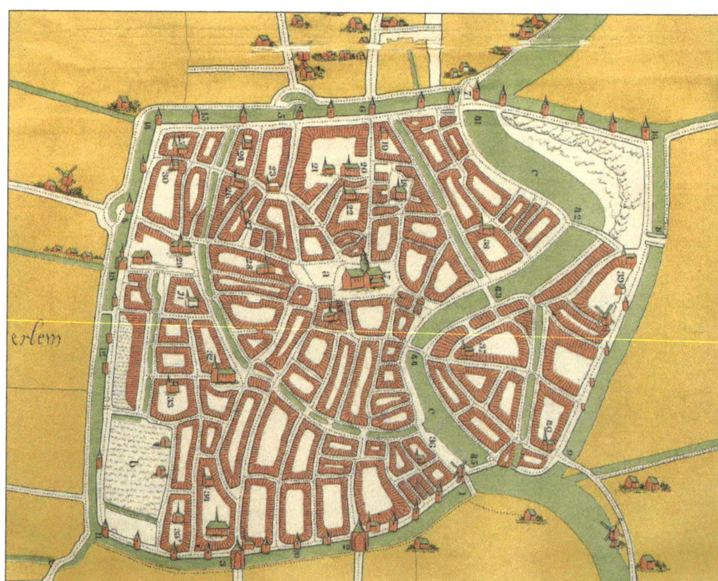

1550년대 그려진 네덜란드 하를럼의 지도. 당시 도시는 성벽과 수로로 둘러싸여 있었다.

익명성이 보장되는 현대 사회.

종사한다는 이유만으로 모여서 집단을 형성한 것이다. 이들은 오로지 자신들의 산업을 보호하려는 실용적인 목적에서 모였고, 길드에 가입한 업자끼리는 무슨 일이 있든 서로 돕기로 맹세했다. 길드는 점차 힘이 세져서 나중에는 산업을 독점했다. 보석상인 길드에 가입하지 않은 사람은 보석을 팔 수 없었고, 그릇 수공업자 길드에 가입하지 않은 사람은 그릇을 만들 수 없게 되었다.

현대 사회는 이처럼 낯모르는 사람들끼리 만나서 집단을 결성하게 된 새로운 상황에서 등장했다. 이는 도시의 발달과 무관하지 않다. 도시에 사람들이 모여 살게 되면서 모르는 사람과 마주칠 일이 훨씬 많아졌다. 인구 증가와 도시화, 산업의 발달 등으로 사람들은 이제 가족과 마을 안에서 어렸을 때부터 잘 아는 사람들만 만나며 살기가 불가능해졌다. 스포츠를 좋아한다든지 자동차에 관심이 있다든지 하는 간단한 이유 하나만으로 낯모르는 사람들끼리 만

나서 이야기꽃을 피우기도 하고, 경영자 연합회나 노동조합처럼 집단의 이익을 추구하기 위해서 전략적으로 모이기도 한다.

그러므로 현대 사회는 과거의 공동체와 분명히 구별된다. 공동체에서는 서로 잘 알고 지내고 늘 따듯한 정이 오가지만 개인의 사생활이 없다. 서로 너무 잘 알아서 갑갑하다. 갑돌이가 이웃집 갑순이를 좋아해서 저녁에 몰래 우물가로 불러내 만나면 다음 날 아침 해도 뜨기 전에 동네에 소문이 퍼져 있다. 반면 현대 사회에서는 사생활이 보장된다. 하루 종일 거리를 쏘다녀도 우연히 아는 사람을 만날 확률은 극히 적다. 내가 뭘 입고 다니든, 법을 위반하지 않는 범위에서라면 무슨 짓을 하고 다녀도 사람들이 신경 쓰지 않는다. 그러나 그만큼 외로움도 크다.

독일의 사회학자 퇴니에스Ferdinand Tönnies가 《공동체와 사회*Gemeinschaft und Gesellschaft*》라는 책을 쓴 것도 공동체와 대립되는 개념으로서 사회를 인식하고 있었기 때문이다. 우선 공동체는 사람들이 태어나고 자라는 곳이다. 가족과 친척처럼 개인의 선택과 상관없이 저절로 속하게 되며 인간의 본능적인 유대감에 따라 구성원들이 단단하게 결속하는 집단이다. 오래된 농촌 마을이 공동체의 대표적인 예라고 볼 수 있다. 공동체의 성원들은 같은 가치관을 공유하며 공동체에 강한 충성심을 지닌다. 인간관계는 아주 따듯하고 친밀하다.

독일어 '게마인샤프트gemeinschaft'는 공동체community, '게젤샤프트gesellschaft'는 사회society라는 뜻이지만, 퇴니에스의 이론을 번역할 때는 보통 '공동 사회'와 '이익 사회'라고 한다. 이는 사회를 광범위한 뜻으로 보았을 때 가능한 번역이다. 그러나 이 책에서는 퇴니에스의 이론 자체보다 현대 사회의 특징에 집중하기 위해 일부러 단어의 뜻 그대로 공동체와 사회라고 번역했다.

사회는 이와 대조적이다. 대도시가 그 대표적인 예가 될 텐데, 사람마다 제각기 다른 가치관을 가지고 있으며 집단에 대해서 그다지 헌신적이지도 않다. 변화가 끊이지 않고, 과거의 전통은 합리성과 효율성에 어긋난다는 이유로 무시당한다. 인간관계는 개인의 선택과 의지에 따라 인위적으로 맺어지며 이기적인 이해관계가 크게 작용한다. 경쟁심이 유발되기 쉽고 사람들끼리 서로 잘 믿지 않는다.

그런데 이러한 구분은 학문적으로 단순하게 그린 모형일 뿐, 현실에서는 보통 공동체와 사회의 속성을 함께 가지고 있는 경우가 대부분이다. 농촌 마을이라고 해서 이해관계는 전혀 없이 마냥 따듯하고 친밀하지만은 않으며, 도시라고 해서 타산적인 인간관계만 판을 치지는 않는다. 그래도 퇴니에스의 이러한 구분이 현대 사회의 특징을 날카롭게 지적하고 있다는 점은 눈여겨볼 필요가 있다. 현대 사회는 분명히 사람들 사이의 관계에 있어서 전통적인 공동체와 크게 달라졌다.

현대 사회의 등장은 곧 공동체의 상실을 의미하는 것이었다. 그런데 이것이 잘못된 변화일까? 앞서 이야기했듯이 공동체나 사회나 각각의 장단점이 따로 있다. 사람에게는 다른 사람들과의 적절한 유대관계도 필요하지만 자기만의 공간에서 조용히 혼자 떨어져 있는 시간도 필요하다. 현대 사회가 옛날 공동체와 여러 면에서 달라지기는 했지만 그런 변화가 전부 인간에게 해로운 것이라고 주장할 수는 없다.

그런데 만약 현대 사회의 달라진 특성 때문에 자살하는 사람들까지 등장했다면 어떨까? 이는 분명 큰 문제가 아닐까?

19세기 이전에는 누구도 자살이 사회와 직접적으로 관련된 문제라고 생각하지 않았다. 종교가 지배하던 시대에 자살은 신을 모독하는 엄청난 범죄였고 자살한 사람은 묘지에 묻힐 수도 없었다. 종교가 권력을 잃은 뒤에는 젊은 베르테르처럼 낭만적인 이유로 자살하는 젊은이들도 간혹 등장했지만, 여전히 자살은 어딘가 이상한 사람들이 저지르는 이해할 수 없는 돌출행동이었다. 그리하여 19세기 초에 자살은 정신병을 치료하는 의사들이 다루어야 할 문제가 되었다. 자살을 저지를 가능성이 있는 위험인물로는 정신병자나 알코올 중독자가 주로 지목되었다.

괴테Johann Wolfgang von Goethe의 소설 《젊은 베르테르의 슬픔*Die Leiden des jungen Werthers*》에서 주인공 베르테르는 사랑하는 여자와 맺어지지 못하는 슬픔 때문에 권총 자살한다. 실화를 소재로 삼은 이 소설은 엄청난 인기를 누렸고 베르테르처럼 자살하는 젊은이들이 늘어나 책의 발간이 한때 금지되기도 했다. 유명인을 모방하여 자살하는 것을 '베르테르 효과'라고 부른다.

프랑스의 사회학자 뒤르켐Émile Durkheim은 《자살론*Suicide*》에서 자살이 단순히 미치광이들의 소행이 아니라는 점을 밝혔다. 그는 19세기 초부터 조사해놓은 자살과 관련된 정부 통계를 분석하여 자살률이 정신병이나 알코올 중독, 인종, 유전, 기후, 계절 같은 요인들과 아무런 상관이 없음을 증명했다.

이를 테면, 정신병원에 수감된 환자의 남녀 비율은 남자와 여자가 비슷하거나 여자가 약간 많다. 그런데 자살률은 남자가 여자보다 4배가 많다. 또한 종교별로 보았을 때 유대교도가 정신병이 가장 많지만 자살률은 오히려 제일 낮다. 이처럼 통계들을 비교하여 살펴봄으로써, 뒤르켐은 정신병과 자살률에 특별한 관련이 없다고 주장했다.

그렇다면 자살은 그저 실연이든 파산이든 수천수만 개의 지극히 개인적인 이유로 벌어지는 것일까? 그러나 실연한 사람이나 파산한 사람이라고 모두 자살하지는 않는다. 자살은 개인의 특별한 사정이나 심리적인 상태만으로 설명할 수 없다. 자살이 사회적인 현상이라는 증거는 사회마다 자살률이 일정하다는 데 있다. 한 예로 당시 국가별 자살률은 덴마크, 영국, 이탈리아의 순이었는데, 이들 국가의 자살률은 해마다 거의 일정했다.

그런데 국가별 통계를 살펴봤을 때, 가톨릭 국가의 자살률이 개신교 국가들보다 낮은 것으로 나타났다. 집단별로 보았을 때도 개신교도들의 자살률이 가톨릭 신자들보다 높았다. 가톨릭은 자살을 금지하는 반면, 개신교에서는 자살을 특별히 금지하지 않기 때문일까? 그렇지 않다. 두 종교의 교리만 놓고 보면 자살에 대해서 별다른 차이를 찾을 수 없다.

오히려 가톨릭과 개신교의 중요한 차이는 가톨릭이 좀 더 공동체적으로 통합이 되어 있다는 점이었다. 이 점에 착안한 뒤르켐이

다른 집단들을 비교해보니 기혼자가 미혼자보다 자살률이 낮았다. 또한 대가족의 구성원일수록 자살률이 낮았고, 시골 사람들이 도시 사람들보다 자살률이 낮았다.

즉 통계를 살펴보면 사람들이 속한 집단의 통합, 응집력의 정도야말로 자살률과 밀접한 관계가 있다는 사실을 알 수 있다. 사람들이 뿔뿔이 흩어져서 살아가는 사회는 자살률이 높았지만, 사람들끼리 결속이 강한 사회에서는 자살률이 낮았다. 아마도 고독한 사람은 작은 고난에도 크게 흔들리며 목숨을 버릴 수 있지만 가족, 친지, 친한 친구들에 둘러싸인 사람은 웬만큼 어려운 고난이 닥쳐도 버텨낼 힘을 주위에서 얻기 때문일 것이다.

그런데 아무리 결속력이 강한 사회에도 자살하는 사람은 있다. 뒤르켐은 자살을 네 가지 유형으로 구분하면서 자살에도 제각기 차이가 있음을 밝혔다. 그는 특히 사회의 특성에 따라 자살의 유형도 달라진다고 주장했다.

첫째, '이기적 자살' 은 사회의 응집력이 매우 약할 때 벌어진다. 다른 사람들과 끈끈한 관계가 없는 사람은 지극히 개인적인 이유만으로도 쉽게 자살을 선택한다. '어차피 혼자 와서 혼자 가는 세상, 내가 죽는다는데 누가 뭐라고 하랴' 와 같은 마음으로 자살하는 것이다. 사람들이 고독에 몸부림치는 현대 사회에서 부쩍 증가한 자살 유형이다.

둘째, '이타적 자살' 은 반대로 사람들 사이에 단결력이 아주 강한 사회에서 벌어진다. 자신이 속한 집단에게 뭔가 해를 끼쳤다고 생각될 때 잘못을 책임지는 뜻으로 할복자살하는 일본의 사무라이가 대표적인 예일 것이다. 개인이 아니라 집단을 위해 목숨을 바친다는 점에서 이기적 자살과 완전히 대조되는데, 이러한 자살은 이기적 자살만큼 많지 않다. 응집력이 약한 사회와 강한 사회의 자살률에 차이가 나는 것은 바로 이런 이유 때문이다.

셋째, '숙명적 자살'은 뒤르켐이 자신이 살고 있는 시대와 별로 상관이 없다고 하여 자세히 언급하지 않았는데, 사회의 규제가 지나치게 심해서 사람들이 마치 노예처럼 생활할 때 일어나는 자살이다. 군대에서 엄격한 규율을 견디지 못한 훈련병이 자살하는 경우 정도를 예로 들 수 있을 텐데, 현대 사회에서는 보기 드문 자살 유형이다.

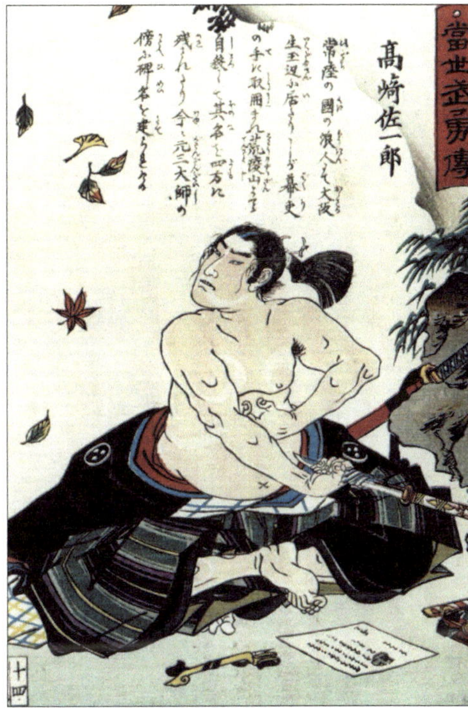

할복자살하는 사무라이를 묘사한 그림.

네 번째 유형의 자살은 사회의 규제가 심할 때보다 사회의 규제가 턱없이 부족할 때 일어난다. 이를 '아노미적 자살'이라고 하는데, 이때 '아노미anomie'는 사회의 급격한 변화와 불안정한 상황 때문에 사람들이 기존의 규범을 따르지 않고 방황하는 현상을 뜻한다. 예를 들어 오로지 신앙심으로 살아가던 사람들에게 하루아침에 '신은 없다. 다들 알아서 살아라'라고 했을 때 사람들이 처한 난처하고 허탈한 상황을 아노미라고 부를 수 있다.

사람들 사이에 응집력이 약한 집단이 강한 집단보다 자살률이

높은 이유는 이기적 자살과 아노미적 자살의 비율이 월등히 높기 때문이다. 특히 아노미적 자살은 현대 사회에서 생겨난 독특한 현상이다. 그런데 왜 아노미 상태에서 자살이 많이 일어날까? 아노미는 일종의 무규범 상태이다. 이전까지 사람을 빽빽하게 조이던 규율과 억압이 한순간에 사라져버린 상태라고 할 수 있다. 이것은 누구에게나 좋은 일이 아닐까?

그런데 이상하게도 사람들은 아노미를 견디기 힘들어한다. 경기가 급격하게 침체하는 시기에 자살률이 증가하는 이유는 경제적인 이유 때문만은 아니다. 놀랍게도 경기가 급격하게 상승할 때도 자살률은 증가한다. 주목해야 할 점은 '급격한 변화'다. 사회가 눈이 돌아갈 정도로 빠르게 변할 때 사람들은 가치관과 규범에 혼동을 일으키고 아노미 상태에 빠지기 쉽다. 지위가 높고 부유한 사람들의 자살률이 높은 이유도 마찬가지다. 가난한 사람들보다 사회의 도덕적인 규제를 덜 받기 때문에 아노미적 자살을 선택할 가능성이 더 높다.

또한 규제와 억압이 약해진 만큼 소속감도 약해지는 것이 문제다. 하루 종일 방바닥만 긁고 있는 서른 살 백수는 늘 초조하고 마음이 불안하다. 단지 돈을 벌지 못하고 있기 때문만은 아니다. 자신을 잘 감싸줄 수 있는 든든한 집단에 소속되어 있지 않기 때문이다. 조금 갑갑하더라도 학교나 회사의 한 구성원으로 자리를 잡고 앉아 있어야 마음이 편하다.

전통적인 공동체에서는 누구나 대가족의 일원으로서, 마을의 한 사람으로서 소속감이 강했다. 마치 부모님의 따뜻한 품에 안겨 있는 어린아이와 같은 느낌이었다. 그런데 현대 사회에서는 한순간에 황량한 거리에 홀로 내팽개쳐진 아이 신세가 되어버렸다. 어른들 잔소리도 안 듣고 강제로 해야 할 일도 없어졌지만 당혹감을 떨치기 어렵다. 오히려 잔소리를 들으며 하기 싫은 일을 억지로 해야 하던 시절이 그리워지고 만다.

현대 사회는 개인주의와 산업혁명, 부르주아 자본주의 경제 등 새로운 시대적 환경에서 공동체를 파괴하며 등장했다. 옛날 사람들이 꿈꾸던 아름다운 공동체는 아이들 동화책에나 나올 법한 세상이 되고 말았다. 그러나 현대 사회라고 무조건 황량하고 삭막하지만은 않다. 퇴니에스나 뒤르켐은 공동체를 회복하기를 바랐지만, 권위주의적이고 개인을 억누르는 옛 공동체로 되돌아가기를 바란 건 아니었다. 사실 옛날로 돌아가는 것은 애초에 불가능한 일이었다. 그들 앞에 놓인 과제는 현대 사회에서 공동체의 단순한 단결을 넘어서는, 한층 더 수준 높은 방식의 '사회 통합'을 이루어내는 것이었다.

2. 다른 방식으로 연대하다

뒤르켐의 현대 사회에 대한 진단은 3장에서 살펴본 마르크스의 진단과 크게 대비된다. 마르크스에 따르면 사회의 가장 큰 문제는 계급 갈등이며 해결책은 오로지 노동자의 투쟁으로 자본가 계급의 지배 아래 있는 사회를 노동자가 주인이 되는 사회로 바꾸는 것뿐이다. 그런데 뒤르켐이 이야기하는 사회에서는 그처럼 심각한 갈등이 느껴지지 않는다. 그의 사회 이론은 복잡하고 혼란스러운 정치 상황과 다소 거리를 두고 있다.

뒤르켐은 사회를 구성하고 있는 사람들의 정신, 사회의 도덕적인 규제 같은 것을 굉장히 중요한 요인으로 생각했다. 그렇기에 그는 마르크스가 경제적인 요인만 지나치게 중시했다고 비판했다. 현대 사회에서 경제가 중요해진 점이야 누구나 인정하는 바이긴 하지만, 경제적인 계약 관계로 사회의 모든 것을 설명하려고 하는 것은 잘못이라는 것이다. 뒤르켐은 사회의 경제와 도덕적인 규제가 같이 발달한다고 보았다.

또한 계급 갈등에 대한 입장도 크게 차이가 났다. 뒤르켐의 입장에서 보면 마르크스는 계급 갈등을 과대평가하고 있는 셈이었고, 노동자의 투쟁밖에 해결책이 없다고 본 것도 잘못이었다. 뒤르켐은 국가와 시민 사회의 도덕적인 규제만으로도 충분히 점진적으로 노동자의 처지를 개선할 수 있다고 생각했다.

뒤르켐은 사회주의에 호감을 가지긴 했지만 사회주의 혁명에는 고개를 갸우뚱했다. 물론 뒤르켐이라고 해서 현대 사회에 아무런 문제도 없다고 생각하지는 않았다. 급격한 변화로 인해 현대 사회에서는 예전의 공동체에는 없던 새로운 문제들이 불거졌다. 그러나 그렇다고 해서 혁명으로 세상을 완전히 뒤엎을 이유까지는 없었다. 그는 또한 사회주의 혁명이 현실적으로 가능하다고 보지도 않았다. 현대 사회의 장점을 최대한 살리면서 사소한 문제점들을 하나씩 제거하는 개혁만이 유일한 길이라고 생각했다.

마르크스와 뒤르켐의 입장이 가장 뚜렷하게 갈라지는 부분은 '분업' 이었다. 마르크스는 분업이야말로 소외를 낳은 가장 근본적인 원인이라고 보았다. 한 사람이 하루에 핀 1개를 만드는 창조적인 일이 철사를 펴는 작업만 4만 8천 번 하는 일로 바뀌면서, 생산력은 엄청나게 향상되었지만 일 자체가 지루하고 고단해져버렸다. 노동을 통해 재능과 창의성을 발휘할 기회가 사라지고 사람이 거의 기계나 다를 바 없이 되어버리는 것이다. 그리고 결국 나중에는 진짜 기계에 의해 대체되고 공장에서 쫓겨나는 신세로 전락한다. 그러므로 자신의 노동이 자신의 것이 아니며 자기가 만든 생산품이 자기 것이 아니게 되는 소외 현상이 사라지려면 자본주의와

분업이 폐기되어야 한다.

분업이 사라지면 어떤 일이 벌어질까? 교사, 인쇄공, 수위, 연예인 등 전문적인 노동을 그 사람의 가장 중요한 특징으로 규정하는 일이 사라진다. 모두가 공평하게 노동을 한다면 먹고 사는 데 필요한 노동시간은 하루에 6시간 이내로 줄어들 것이며 나머지 시간은 자유로워질 것이다. 그리하여 아침에는 시(詩)를 쓰고, 점심에는 농사를 짓다가 저녁에는 밴드에서 기타를 치는 생활이 가능해진다. 누구도 그가 시인인지 농사꾼인지 기타리스트인지 따지고 들지 않는다. 사람들은 직업이나 소득에 따라 분류되지 않고 모두 같은 인간일 뿐이다.

그런데 뒤르켐은 《사회분업론*De la division du travail social*》에서 분업에 대해 결코 나쁘게 보지 않았다. 스미스 같은 고전경제학자들처럼 개인이 각자 이기적인 목적에서 행동하는 것만으로도 사회가 충분히 제대로 굴러갈 것이라고 낙관하는 정도는 아니었지만, 개인주의적 성향이 강해진 현대 사회에서도 나름의 '연대 solidarity'가 생겨날 수 있다고 기대했다. 그리고 그 연대의 기초가 되는 것이 바로 분업이었다.

분업을 한다는 것은 사람들끼리 서로 상당히 의존하고 있음을 의미한다. 앞 사람이 철사를 펴지 않으면 다음 사람은 철사 끝을 뾰족하게 갈 수 없다. 어린이집을 운영하며 아이들을 돌보아주는 사람이 없으면 맞벌이 부부는 아이를 맡기고 직장에 나갈 수 없다. 사회에서 일어나는 수많은 분업을 통해서 사람들은 나름대로 관계를 맺고 있는 것이다. 예전 공동체처럼 정(情)으로 묶인 것은 아니지만 현대 사회에서도 사람들은 분업을 통해 보이지 않는 끈으로 모두 연결되어 있다.

원시 사회에서는 모두 같은 일을 했다. 나무 열매를 따고 사냥을 하고 물고기를 잡았다. 모두 똑같은 일을 했기 때문에 하나로 묶여 있을 수 있었다. 본능적으로 공동생활을 하며 같은 일을 했으므로 집단의 결속력이 강하지 않을 수 없었다. 분업이 없는 원시 사회에서 사람들이 맺었던 단단한 유대관계를 뒤르켐은 '기계적 연대 mechanical solidarity'라고 불렀다.

원시 사회나 전통 사회에서 사람들 사이의 관계는 '동질성'에 바탕을 두었다. 부모가 같다거나 조상이 같다거나 성(姓)이 같다거나, 고향이 같은 사람들끼리 뭉친 것이다. 기계적인 연대로 맺어지는 사회에서는 사람들이 비슷한 일을 하고 비슷한 생각을 가지고 있었기에, '서로 같다, 비슷하다'는 인식이 하나의 집단으로 단결하는 힘이 되었다.

현대 사회로 오면서 사람들은 제각기 다른 길을 걷게 되었다. 개인주의가 발달하고 개성이 강해지면서 동질적인 부분도 점차 줄어들었다. 그러나 분업이 활발히 이루어지는 사회에서는 사람들이 제각기 전문적인 역할을 맡고 있기 때문에 서로 도울 일이 많아진다. 전문적인 서비스를 교환하는 범위 내에서 활발히 교류하고 의존도도 커진다. 이렇게 해서 맺어진 유대관계를 뒤르켐은 '유기적 연대organic solidarity'라고 불렀다.

동질성에 바탕을 둔 기계적 연대와 달리 유기적 연대는 사람들 사이의 차이에서 비롯된 것이다. 옷을 만드는 사람과 농사를 짓는 사람, 집을 짓는 사람이 하는 일은 서로 비슷한 구석이 거의 없지만, 각자 맡은 일 때문에 서로 도움을 주고받는 관계가 된다. 원시 사회에서는 한 가족이나 씨족 무리 안에서 옷도 만들고 농사도 짓고 집도 짓고 모든 것을 자급자족했지만, 수많은 사람들이 역할을 세세하게 나눠 맡고 있는 현대 사회에서는 내가 입고 있는 옷이 어디의 누가 만들었는지 내가 먹고 있는 쌀이 누가 재배한 것인지 알 수 없다.

그런데 기계적 연대와 유기적 연대는 둘 중에 어느 것 하나를 선택할 수 있는 문제가 아니다. 시간이 흐를수록 사회는 점점 기계적 연대 중심에서 유기적 연대 중심으로 변화한다. 사회의 인구가 증가하면 인구밀도가 높아지고 결국 생산성을 키우기 위해 자연스럽게 분업이 발달한다. 기계적 연대에서 유기적 연대로 옮겨가는 것은 인간의 의지에 달린 일이 아니라 시간이 흐름에 따라 자연스럽게 벌어지는 현상이다.

뒤르켐은 퇴니에스처럼 사회를 비관적으로 보지는 않았다. 그는 현대 사회 역시 과거의 공동체처럼 인간에게 자연적인 것이라고 보았고, 현대 사회의 달라진 인간관계를 당연한 것으로 받아들였다. 개인주의와 사적인 이해관계에만 몰두하는 세태 역시 그렇게 심각한 문제가 아니었다. 개인주의의 확산은 사회의 병적인 문제라기보다 새로운 형태의 연대(유기적 연대)를 생성시키기 위한 자연스러운 변화의 일부였다. 퇴니에스는 전통적인 공동체의 두터운 유대관계를 그리워했지만 뒤르켐은 공동체나 사회나 유대관계에 있어서 우열을 가릴 수 없다고 생각했다.

뒤르켐이 보기에 전통 사회에서 사람들의 관계는 매우 가깝고 튼튼한 것처럼 보이지만 기계적이다. 톱니바퀴처럼 잘 맞물려 있긴 하지만 사람들은 기계의 부속품처럼 개성과 자유가 없다. 반면 현대 사회의 인간관계는 분업에 의한 형식적이고 느슨한 관계처럼 보이지만, 느슨하게 연결된 끈이 결코 끊어지는 법이 없다. 현대 사회라고 해서 사람들 사이에 연대가 없다고 생각한다면 큰 착각이다. 서로 지나치게 간섭하지 않으면서도 유연하고 자유로운 연대를 맺고 있다.

물론 유기적 연대에도 나름대로 문제가 많다. 유기적 연대에서 발생하는 가장 큰 골칫거리가 바로 앞에서 이야기했던 아노미다.

기계적 연대는 말 그대로 기계의 톱니바퀴처럼 잘 맞물려 있어서 연대가 튼튼하고 확고하다. 잘 맞물려 돌아가고 있는 톱니바퀴들은 누가 봐도 서로 의존하고 있다는 사실을 쉽게 알 수 있다. 반면 유기적 연대는 신체의 심장, 간, 위처럼 서로 생김새도 다르고 제각기 떨어져서 하는 일도 다르기 때문에 얼핏 보아서는 어떤 관계에 있는지 알기 어렵다. 그러나 각 기관들은 혈관으로 이어져 있으며 신체를 건강하게 유지하는 데 힘을 합하고 있다. 심장은 심장대로 간은 간대로 위는 위대로 활동하지만 하나라도 잘못되면 다 같이 죽는다. 신체 기관 같은 연대, 이것이 유기적 연대다.

뒤르켐은 아노미나 그 밖의 다른 사회 문제들을 충분히 치료할 수 있는 사회의 병적인 현상으로 보았다. 또한 그는 자신과 같은 사회학자들이 사회의 병을 고치는 의사의 역할을 맡아야 한다고 생각했다.

뒤르켐은 현대 사회라고 해서 사람들이 제 욕심만 차리고 이기적인 행동만 일삼는다고 보지는 않았다. 그는 원시 사회나 현대 사회나, 사회에는 '집합의식'이라는 것이 있다고 생각했다. 즉 사회를 구성하고 있는 사람들 개개인이 가지고 있는 의식의 집합이 존재한다는 것인데, 이것은 단순히 개인의식들을 모두 합한 것이 아니다. 개인의식이 합쳐져서 형성된 것이 집합의식이지만, 일단 집합의식으로 나타나게 되면 개인의 의식과는 전혀 다른 그 자체의 독특한 성질을 가진다.

집합의식은 달리 말하면 사회에도 의식이 있다는 뜻이다. 사회의 모든 성원들이 공유하며 집단적인 구속력을 가지고 있는 특정한 가치, 관습, 믿음이 바로 집합의식이다. 뒤르켐은 사회에서 가장 중요한 것이 집합의식이며 더 나아가 집합의식이 바로 사회라고 보았다. 사회를 사회이게 하는 힘, 사람들을 하나의 집단으로 이어주는 접착제가 바로 집합의식이기 때문이다.

서양의 중세에는 분명한 집합의식이 있었다. 바로 기독교였다. 옳은 일인가 그른 일인가를 따질 때는 성경을 보거나 성직자의 말을 들으면 되었다. '신을 공경해야 한다. 교회에 헌금을 꼬박꼬박 내야 한다' 같은 분명한 규범이 정해져 있었다. 조선 시대에도 마찬가지다. '조상을 잘 섬겨라. 남자는 밖에서 일하고 여자는 집 안에서 일해야 한다. 임금은 하늘과 같다' 같은 공통의 가치관과 규범이 확고했다.

아노미는 이러한 집합의식이 제대로 작동하지 못하게 된 상황을 일컫는다. 사람들이 매일 부딪치는 수많은 일들에 대해 모두 의심하기 시작하는 것이다. "신을 공경하라고요? 신이 어디에 있는데요?"라거나 "제사를 왜 지내요? 귀신이 와서 음식을 집어먹기라도 하나요?"라고 말하면서 무엇을 어떻게 해야 할지 방황한다. 누구나 같은 믿음을 가지고 있고 각각의 상황에서 어떻게 행동해야 할지 잘 알고 있던 기계적 연대 사회에서는 상상할 수 없었던 일이 벌어진다.

이런 우화가 있다. 일을 무척 잘하는 일꾼이 있었다. 농장 주인은 성실한 일꾼이 마음에 들어 좀 더 편한 일을 주고 싶었다. 그래서 감자 포대를 나르는 일을 그만두게 하고 자리에 편안하게 앉아서 감자를 작은 것과 큰 것으로 분류하는 일을 시켰다.

그런데 일꾼은 감자를 분류하는 일을 훨씬 더 힘들어하며 녹초가 되어버렸다. 주인은 도무지 이유를 알 수 없어서 일꾼에게 물어보았다.

"무거운 감자 포대를 나르는 게 저한테는 훨씬 편합니다. 그냥 나르기만 하면 되니까요. 그런데 감자를 고르는 일은 정말 힘듭니다. 이걸 작은 쪽에 놓아야 할지 큰 쪽에 놓아야 할지 고민하다 보면 머리가 지끈지끈 아프거든요."

수많은 감자를 앞에 놓고 큰 것과 작은 것으로 가려내야 하는 작업은 몸은 편하지만 끊임없이 판단을 요구하는 일이다. 아노미 상태는 이와 같다. 아무것도 분명하게 정해진 것이 없고 모든 일에 대해서 우리가 직접 판단을 해야만 한다. 살아서 교회에 잘 다니면 죽어서 천당에 간다는 믿음을 굳게 가진 사람의 삶은 안정적이지만, 그런 믿음이 없는 사람은 다른 곳에서 안정감을 찾을 수밖에 없다. 그런데 현대 사회는 과거와 같이 분명한 도덕적 지침이나 규범을 정해주지 않는다. 제각기 알아서 잘 사는 것 외에 방법이 없다.

조상이 살았던 대로, 부모님이 살았던 대로 똑같이 따라서 살면 됐던 전통 사회의 사람들과 달리 현대 사회를 살아가는 우리들은 매일 아침에 눈뜰 때마다 '어떻게 살아야 하는가' 고민한다. 그러나 누구도 명쾌한 해답을 던져주지 않는다. 현대 사회는 분명 과거보다 훨씬 자유롭지만 자유를 누리는 것도 생각만큼 쉽지는 않다.

3. 사회를 위한 최선의 선택

아무런 관계도 없는 사람들이 서로 말 한마디 하지 않으면서 제각기 산다면 그런 집단은 사회라고 부를 수 없다. 사회는 사람들끼리의 관계로 이루어져 있다. 단적으로 말해서 관계가 없다면 사회도 없다. 현대 사회에서 인간관계가 사라졌다고 한탄하는 사람들도 있지만 인간관계란 결코 사라질 수 없는 것이다. 단지 관계의 질이나 종류, 방식이 달라질 뿐이다.

그러므로 전통적인 공동체의 성격이 많이 줄어들긴 했지만, 사람들이 다양한 방식으로 연결되어 있고 서로 끊임없이 영향을 주고받는다는 점에서 사회는 여전히 공동체라고 할 수 있다. 다만 예전과는 다른 형태의 공동체다. 결혼하지 않는 독신자들이 늘어나고 출산율은 점점 줄어들어도, 이웃끼리 인사도 하지 않고 지내며 퇴근 후에는 집에 틀어박혀서 텔레비전만 보더라도, 사람들 사이의 보이지 않는 끈은 끊어지지 않는다. 우리는 여전히 수많은 사람

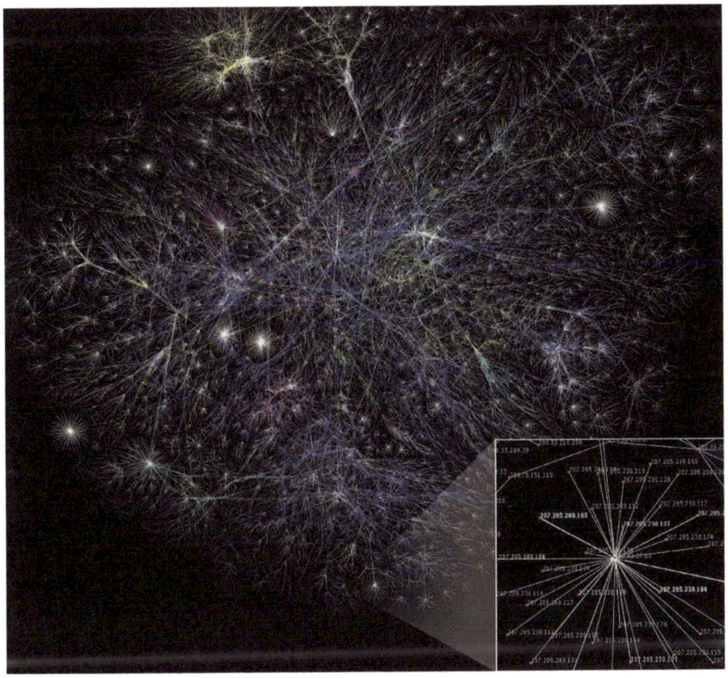

국경을 초월한 인터넷 세상을 표현한 그림 © Matt Britt.

들과 수많은 관계를 맺으며 살고 있다.

1960년대 미국에서는 사람들이 얼마나 가깝게 연결되어 있는지 실험을 하기도 했다. 무작위로 선택한 두 사람을 연결하기 위해서 두 사람 사이에 몇 명이나 아는 사람을 거쳐야 하는지 알아내는 것이 실험의 목표였다. 편지를 이용한 실험 결과, 놀랍게도 6명 이하만 거치면 생판 모르는 사람과 연결될 수 있다는 결과가 나왔다.

서양에는 지구상의 모든 사람이 다섯 다리만 건너면 어느 누구와도 안면을 틀 수 있다는 속담이 있는데, 속담이 사실로 증명된 셈이다. 이처럼 서울에 사는 철수와 파리에 사는 줄리도 기껏해야 여섯 단계밖에 떨어져 있지 않다는 것을 '여섯 단계의 분리six degrees of separation'라고 부르며 '좁은 세상small world' 현상이라 한다.

실제로 사람들이 백 명씩만 알고 지낸다고 해도 2단계에서는 만 명과 연결될 수 있으며 3단계에서는 백만 명과 닿을 수 있다. 이런 식으로 하면 5단계에 이미 백억 명이 되므로 세계 인구 65억 명을 훌쩍 뛰어넘는다. 계산상으로 치면 정말로 여섯 단계 이내에 지구상 어느 누구와도 연결될 수 있는 셈이다.

물론 이처럼 단순히 연락이 닿을 수 있다는 것만으로는 복잡하고 다양한 인간관계의 질적인 면까지 설명해주지 못한다. 그러나 생각보다 세상은 좁고 사람들 사이의 관계가 거미줄처럼 촘촘하게 연결되어 있는 것은 분명한 사실이다. 특히 최근 인터넷의 발달까지 고려하면 지구가 하나라는 말이 결코 허튼소리가 아님을 알 수 있다. 정보통신과 운송수단이 획기적으로 발달한 오늘날에는 국경을 넘어 수많은 교류들이 실시간으로 이루어지고 있기 때문이다.

거미줄 같은 현대 사회에서 사람들은 예전과 전혀 다른 방식으로 관계를 맺는다. 전통적인 공동체에서는 대부분의 인간관계가 눈에 뚜렷하게 보였고 구체적으로 드러나 있었지만 현대 사회에서는 그렇지 않다. 훨씬 더 복잡하고 미묘한 관계들이 얽히고설켜 있다. 공장의 해외 이전으로 대한민국의 A씨가 하던 일을 말레이시아의 B씨가 대신할 수도 있고, 블로그를 통해 일본의 C씨와 호주의 D씨가 친구가 될 수도 있다.

세계화를 당연한 흐름으로 이야기하게 된 요즘은 개인이 고민해야 할 일이 더욱 늘어났다. 거미줄 같이 얽혀 있는 사회에서 나의 행동 하나하나가 다른 사람에게 눈에 보이지 않는 영향을 주기 때문이다. 내가 무심코 먹은 초콜릿이 아프리카 어린이들을 강제로 동원하여 카카오를 재배하는 회사를 돕는 결과가 될 수 있으며, 쾌적하고 편하다는 이유로 매일 대형 할인마트에 들러서 장 보는 행

기업의 이윤을 추구하는 무역이 아닌 생산자들과의 직거래를 통해 생산자들에게 합당한 이윤을 돌려준다는 공정무역 상품들.

위가 결국 오래전부터 동네에 있던 재래시장을 망하게 할지도 모른다.

문제는 우리가 제각기 아무리 머리를 싸매고 고민해도 사회적으로 좋은 결과가 나올 수 있을지 장담하기 어렵다는 점이다. 인간이 매우 이성적인 존재이고 각 개인은 모두 제각기 최대한 합리적으로 행동한다고 가정해보자. 과연 각자 알아서 최선의 선택을 하기만 하면 사회라는 공동체 역시 최선의 방향으로 유지될 수 있을까?

개인의 합리적 선택에 대한 '게임이론'의 설명을 살펴보자. 게임이론은 '죄수의 딜레마Prisoner's Dilemma'라는 예로 잘 알려져 있다. 죄수의 딜레마는 다음과 같다.

1950년 스탠퍼드 대학 심리학과에서 미국 랜드 회사의 자문인 터커Albert W. Tucker에게 게임이론에 대한 강연을 요청했다. 터커는 게임이론에 대한 배경지식이 전혀 없는 청중들에게 예를 들어 설명해야 할 필요성을 느꼈고 '죄수의 딜레마'라는 일화를 만들어냈다.

갑과 을이 함께 부잣집에 도둑질을 하러 들어갔다가 경찰에게 잡혔다. 그런데 도난당한 물건이 발견되지 않았다. 갑과 을은 부잣집에 몰래 들어가긴 했지만 물건을 훔치지는 않았다고 딱 잡아뗐다. 경찰은 이 둘을 작은 방에 따로 가둬 서로 전혀 의논할 수 없는 상태에 두고 심문을 하기로 했다. 이제 갑과 을은 각각 홀로 갇혀 있는 상태에서 머리를 굴려 최선의 선택을 해야만 한다. 이 두 사람에게는 세 가지 길이 주어져 있다.

첫째, 아무도 자백하지 않으면 증거불충분으로 주거침입죄만 적용되어 둘 다 1년형만 받는다. 둘째, 둘 다 도둑질을 자백할 경우 둘 다 절도죄로 3년형을 받는다. 셋째, 만약 한 사람만 자백하고 다른 한 사람은 자백하지 않는다면 자백한 사람은 경찰에 협조한 대가로 석방되고 자백하지 않은 사람은 혼자 5년형을 받게 된다.

이를 표로 정리하면 다음과 같다.

	을이 자백함	을이 자백하지 않음
갑이 자백함	갑 : 3년형 을 : 3년형	갑 : 석방 을 : 5년형
갑이 자백하지 않음	갑 : 5년형 을 : 석방	갑 : 1년형 을 : 1년형

갑과 을은 '딜레마'에 빠진다. 만약 두 사람이 같은 방에 갇혀 있다면 합의를 해서 둘 다 자백을 하지 않고 1년만 감옥에 갇혀 있기로 약속할 수 있다. 그러나 완전히 격리된 상황에서 각기 따로 선택을 해야 하므로 상당히 골치가 아프다. 나는 끝까지 잡아뗐는데 상대가 자백해버리면 혼자서 5년이나 감옥에서 썩어야 하는 어처구니없는 상황이 될 수 있다.

결국 둘 다 밤새 머리를 굴리다가 자백하는 쪽으로 결론을 내리게 된다. 자백할 경우에는 석방이거나 3년형이지만, 자백하지 않을 경우에는 1년형이거나 5년형이기 때문이다. 5년형이라는 최악의 상황을 피하기 위해서는 자백하지 않고 배길 도리가 없다.

그리하여 갑과 을이 모두 자백해버리면 똑같이 3년형을 산다. 그런데 표에서 볼 수 있듯이 이것은 두 사람에게 결코 최선의 결과가 아니다. 두 사람에게 있어서 가장 합리적이고 좋은 결과는 둘 다 자백하지 않고 1년형만 사는 것이다.

죄수의 딜레마 사례가 우리에게 보여주는 것은 무엇인가? 다른 사람이 어떻게 행동할지 전혀 모르는 상황에서는 나름대로 가장 합리적인 선택을 한다고 하더라도 전체적으로 보았을 때 최선의 결과가 나오기 힘들다는 사실이다.

그렇다면 둘이 같은 방에 갇혀서 의논을 할 수 있는 상황이면 결과가 달라질까? 꼭 그렇지만도 않다. 둘 다 자백하지 않기로 굳게 약속해놓고 한 사람이 배신하면 5년형의 결과가 된다. 서로 합의할 수 있는 상황이 마련되더라도 두 사람 사이에 상당한 신뢰가 있지 않다면 최선의 결과를 만들어내기 어렵다.

사회에서는 이러한 상황이 끊임없이 반복된다. 늘 유혹이 있다. 내가 영악하게 굴고(나만 자백하고) 다른 사람은 순진하게 굴 때(자백하지 않을 때), 다른 사람이 덤터기를 쓰기는 하지만 나에게는 최선의 결과가 된다. 그러나 이러한 상황이 반복되면 결국 서로 협동하여 모두에게 가장 적합한 선택을 해야만 한다는 깨달음을 얻게 된다.

다행히 사회에서 우리는 죄수처럼 고립되어 있지 않기 때문에 함께 의논하고 합의점을 찾아나갈 수 있다. 그러나 이미 이야기했듯이 서로 신뢰가 없다면 같이 있으나 떨어져 있으나 별 차이가 없다. 결국 죄수의 딜레마가 해결되기 위해서는 협력을 중재하고 확실하게 보장해주는 사람이 있어야 한다. 누군가 혼자만 이득을 보겠다며 배신하지 않도록 감시하는 사람이 필요하다. 그런데 누가 이런 역할을 맡을 수 있을까?

독재자들은 자신들이 이런 역할을 맡을 수 있다고 주장하며 역사에 등장했다. 1970, 1980년대 우리나라의 군사독재 정권처럼 절대적인 권력을 휘두르는 감시자가 있는 상황에서는 경제 발전이나 정치 안정 같은 구호 아래 사람들이 강제로 동원되고 희생을 강요당한다. 그런데 사람들이 자발적으로 협력하는 것이 아니라 권력에 의해 강제적으로 동원되면 수많은 사람들의 자유가 짓밟히고, 특히 힘없고 가난한 사람들이 더 큰 희생을 짊어지는 결과를 낳는다. 이러한 권력의 강제 동원은 결국 거센 저항에 직면해 무너질 수밖에 없다.

그러므로 가장 이상적인 감시자는 우리 모두의 양심이다. 그러나 사람들이 양심에 따라 서로 신뢰하고 배려하며 다 함께 만든 규범을 따르는 아름다운 사회를 지향하는 것은 참으로 어려운 일이다. 자신은 아무것도 희생하지 않고 집단에 얹혀가려는 '무임승차'의 유혹이 강렬하기 때문이다. 마을 잔치를 위해 커다란 포도주 통을 놓아두고 집집마다 조금씩 포도주를 부어놓게 했을 때 결국 맹물만 모였다는 우화는 무임승차의 유혹이 얼마나 강력한지

전경과 대치중인 시위대. 1987년 6월.
© 이한열 추모사진집.

잘 보여준다.

'나 하나쯤이야' 하는 마음은 웬만해서 떨치기 어렵다. 그러나 무임승차자가 많은 사회는 결코 발전할 수 없다. 1987년 우리나라의 민주화 항쟁이 성공할 수 있었던 것은 사람들이 민주화라는 하나의 목표에 동의하고 너나 할 것 없이 거리로 뛰쳐나왔기 때문이다. 민주화를 바라면서도 '나 하나쯤이야' 하는 마음으로 집에서 조용히 숨죽이고 있다가 나중에 다른 사람들이 힘겹게 성취한 민주화의 결과만 함께 누리려는 무임승차자들이 많았다면 한국 사회의 민주화는 결코 이루어질 수 없었다.

그러므로 각 개인에게 최선의 선택을 넘어서 사회 전체적으로 최선의 선택이 되는 길을 찾는 것, 그리고 이를 위해 무임승차자 없이 모든 사람들이 함께 노력할 수 있도록 하는 것이 사회의 중요한 과제이다. 그렇다면 이처럼 중요한 과제를 누가 맡을 것인가? 개인의 양심에만 맡길 수 없다면, 정부가 나서기라도 해야 할 텐데, 과거 독재정권의 예에서 알 수 있듯이 정부 역시 감시받아야 마땅한 대상이다.

시민들이 스스로 공공의 이익을 위해 고민하고 실천하는 일은 결국 시민 사회에서 가능하다. 민주화 이후 우리나라에서도 그 전까지 국가의 권위에 억눌려 존재조차 찾기 힘들었던 시민 사회의 영역이 조금씩 숨 트이기 시작했다. 국민이 직접 대통령을 투표로 선출할 수 있게 되었으며 언론의 자유가 보장되어 자유로운 토론이 가능하게 되었다. 환경운동연합, 경실련, 참여연대 등 지금도 활발하게 활동하는 결사체들은 모두 민주화 이후에 등장하여 시

이때 시민 사회는 공적인 기관(국가)과 사적인 기관(기업, 가족)에서 상대적으로 자율적인, 시민들이 자발적으로 조직한 결사체를 말한다.

민들이 자발적으로 사회운동에 참여하는 토대를 마련했다.

한국 사회의 정치적 민주화 이후 20여 년이 흐른 지금, 이제 시민 사회는 하나의 국가 내에서 다양한 사회 문제들에 대해 함께 고민하고 해결책을 모색하는 집단만을 의미하지 않는다. 세계화의 흐름에 따라 '지구시민 사회global civil society'라는 말이 생길 정도로 전 세계적으로 뜻있는 시민들이 힘을 모아 활동할 수 있게 되었다. 그린피스Greenpeace, 지구의 벗Friends of Earth, 엠네스티Amnesty, 인권감시단Human Rights Watch, 국제반지뢰캠

보통 경제적인 민주화는 아직까지 이루어지지 않았다는 의미에서 1987년 이후의 민주화를 '정치적 민주화'로 국한하기도 한다.

페인International Campaign to Ban Landmines 등이 우리에게도 잘 알려진 국제적인 사회운동조직이다.

물론 시민 사회에도 견제가 필요하다. 시민 사회는 원칙적으로 국가 권력, 시장(기업)의 이익, 개인의 사적인 이해관계에서 모두 자유로운 시민의 집단이라고 하지만 언제든지 외부의 영향에 휘둘릴 가능성이 있다. 특히 시민 사회 역시 자본의 강력한 힘 앞에서 꿋꿋이 제 갈 길을 가기 어렵다고 걱정하는 사람이 많다. 그러나 오늘날 환경문제나 성(性), 인종에서의 인권문제, 빈곤문제 같이 개인의 노력만으로는 도저히 어쩔 수 없는 문제점들에 대해 힘을 모아 해결책을 모색하는 시민 사회를 보면서 우리는 다시 '연대'라는 말을 떠올리게 된다. 현대 사회가 공동체일 수 있는 이유는 사람들이 예전과는 다른 방식이긴 하지만 여전히 공공의 이익을 위해 연대하고 있기 때문이다.

사실 시민 사회보다 먼저 세계화한 것은 자본이었다. IBM이나 맥도날드, 코카콜라 같은 초국적 기업들이 더 큰 이익을 좇아 전 세계를 누비기 시작한 것은 훨씬 더 오래전의 일이다. 이들 기업은 가난한 나라의 노동자들을 고용해 가장 저렴한 비용으로 상품을 생산하고 선진국의 소비자에게 비싼 값에 판다.

진정한 마법은 협동에서 나온다

프랭크 바움L. Frank Baum, 《오즈의 마법사*The Wizard of OZ*》(1900)

캔자스 대평원에서 삼촌과 숙모와 함께 살던 고아 소녀 도로시는 어느 날 집과 함께 거대한 회오리바람에 휘말린다. 회오리바람이 부드럽게 집을 내려놓은 곳은 놀랍도록 아름다운 나라 오즈(OZ)였다. 그런데 그 집에 동쪽 나라를 지배하는 사악한 마녀가 깔려 죽었기 때문에 도로시는 동쪽 나라 주민들의 환영을 받고 죽은 마녀의 은 구두를 가지게 된다.

도로시는 고향으로 돌아가고 싶지만 주변이 온통 사막으로 둘러싸인 오즈를 벗어나 캔자스로 갈 수 있는 방법이 없다. 그래서 도로시는 오즈에서 가장 위대한 마법사 오즈(오즈는 나라 이름이기도 하고 마법사의 이름이기도 하다)에게 도움을 청하러 떠난다. 오즈를 찾아가는 길에 도로시는 두뇌가 없는 허수아비, 심장이 없는 양철 나무꾼, 용기가 없는 겁쟁이 사자와 친구가 된다. 이 세 친구는 각자 가지고 있지 못한 것을 얻기 위해 함께 마법사 오즈를 찾아간다.

일행은 오즈를 만나러 가는 길에 여러 고난을 겪는다. 괴상한 동물들의 습격을 받기도 하고 넓은 수로를 건너느라 애를 먹기도 하며 양귀비

꽃밭을 지나다가 향기에 취해 쓰러지기도 한다. 그러나 이들은 서로 협력해서 위기를 헤쳐 나간다. 두뇌가 없는 허수아비는 더 많이 생각하고, 용기가 없는 사자는 이를 악물고 용기를 낸다. 심장이 없는 양철 나무꾼은 자기보다 약한 자를 돕는 데 누구보다 앞장선다.

양철 나무꾼은 자신에게 심장이 없다는 사실을 잘 알았고, 그래서 남에게 잔인하거나 불친절하지 않으려고 애썼다.

그가 말했다.

"너희처럼 심장을 가진 사람들은 이끌어줄 것이 있으니, 나쁜 짓을 저지를 일이 없지. 하지만 나는 심장이 없어서 굉장히 신중해야 해. 오즈가 내게 심장을 주면, 당연히 그렇게 신경 쓸 필요가 없겠지."

그들은 오즈가 시키는 대로 사악한 서쪽 마녀까지 해치운 후, 소원을 들어달라고 요구한다. 그러나 사실 오즈는 무슨 일이든 해결해주는 위대한 마법사가 아니라 사기꾼이었다. 그는 기구를 타고 우연히 오즈로 날아온 서커스 단원일 뿐이었다. 그런데 오즈는 굳이 도로시 일행의 소원을 들어줄 필요가 없었다. 허수아비, 양철 나무꾼, 겁쟁이 사자는 모두 오즈를 찾아오는 힘든 과정에서 얻고자 했던 것을 얻었기 때문이다. 아니, 그들은 이미 두뇌와 심장과 용기를 가지고 있었다.

"하지만 내 용기는 어쩌지요?"

사자가 안절부절 못하며 물었다.

오즈가 대답했다.

"난 네가 이미 용기를 가졌다고 믿는데. 네게 필요한 것은 자신감이야. 생명이 있는 것들은 무엇이든 위험을 대하면 두려워하거든. 진정한 용기는 겁이 나더라도 위험과 마주치는 데 있고, 너는 그런 종류의 용기를 많이 가지고 있단다."

도로시 역시 고향으로 돌아갈 수 있는 방법을 이미 가지고 있었다. 그녀는 오즈에 도착하자마자 얻었던 은 구두의 마법을 이용해서 캔자스로 돌아간다.

도로시에게는 백설공주나 신데렐라처럼 백마 탄 왕자님이 나타나지 앉았다. 또한 모든 문제를 해결해줄 것이라 기대하며 찾아간 마법사 오즈는 사기꾼일 뿐이었다. 도로시 옆에는 제각기 결점이 있는 친구들밖에 없었지만 이들이 서로 힘을 합해 위기를 극복했고 스스로 문제를 해결했다. 《오즈의 마법사》는 힘없는 어린 소녀와 무언가 한 가지씩 부족한 친구들이 연대와 협력을 통해서 소원을 이루는 희망의 동화로 오늘날에도 큰 인기를 누리고 있다.

다시 모두를 위하여

사회는 우리 자신이다

2007년 초 미국의 버지니아 공대에서 총기 난사 사건이 벌어졌다. 미국의 일류 대학에 다니는, 앞날이 창창했던 스물세 살 젊은이 조승희는 아무런 원한 관계도 없는 같은 학교 학생 31명에게 총을 겨누고 자신에게도 방아쇠를 당겼다. 그는 하늘에서 뚝 떨어진 미친 사람이었을까? 우리의 상식으로는 도저히 설명할 수 없는 외계인 같은 존재였을까?

주변 사람들의 증언에 따르면 그는 늘 기숙사 방에 틀어박혀 혼자만의 세계 속에서 살았다고 한다. 수업도 혼자 듣고 밥도 혼자 먹었다. 사건이 벌어진 뒤 사람들은 그와 친하게 지냈거나 그에 대해 제대로 알고 있는 사람이 한 명도 없다는 사실에 당황했다. 그의 몸은 우리가 말하는 사회라는 곳에 있었지만 마음은 어딘가 우

리가 알 수 없는 곳에 있었다. 몸은 매일 수많은 사람들과 스쳤지만 마음은 어느 누구하고도 닿지 않았다.

결국 그가 왜 그런 잔혹한 범죄를 저질렀는지 아무도 알 수 없었다. 다만 사람들은 조승희가 사회에 대해 걷잡을 수 없는 분노를 터뜨렸으며 이 불행한 사건에 사회의 책임이 있다고 이야기했다. 그런데 사회가 무엇이기에 스물세 살 젊은이를 그토록 분노하게 했으며 하루아침에 희대의 살인자로 돌변시킬 수 있단 말인가? 사회는 괴물인가?

사회는 책상이나 의자처럼 보고 만지며 뜻을 정의할 수 있는 물건이 아니다. 사회는 때로는 꿈이 되기도 하고 때로는 괴물이 되기

버지니아 공대 총기 난사 사건으로 사망한 교수들과 학생들을 추모하는 추모식 모습.

도 한다. 왜냐하면 사회는 바로 우리 자신이기 때문이다. 사회에 희망을 거는 젊은이나 사회에 분노를 터뜨리는 젊은이나 사회가 결코 자신과 동떨어져 있는 대상이 아니라는 사실을 잊기 쉽다. 사회는 우리가 수많은 사람들과 맺고 있는 관계에 존재하며(혹은 관계 그 자체를 말하며) 또한 우리 마음속에 존재한다. 사회는 내 생각과 내 욕망과 내 행동을 불러내고 간섭한다. 또한 내 생각과 내 욕망과 내 행동이 사회를 만들고 유지하는 힘이 된다.

사회가 개인의 외부에 존재하는 구조인지, 아니면 사회는 그저 허상이고 정작 중요한 실체는 오로지 개인뿐인지는 사회과학의 오랜 논쟁거리였다. 그런데 정작 허구는 사회가 아니라 이런 논쟁일

지도 모른다. 어떤 사람이 출입구에 서서 "내가 이 문으로 들어갈까요, 안 들어갈까요?"라고 묻는다고 생각해보자. 그 질문에 대답할 수 있는 사람이 있을까? 사회가 실체인지 허상인지 묻는 말은 이런 질문과 크게 다르지 않다. 그 답을 만드는 사람이 바로 우리 자신이기 때문이다. 우리가 어떻게 생각하고 행동하느냐에 따라 답은 달라진다. 그 답에는 우리의 의지가 포함되어 있기 때문이다.

사회란 무엇인가에 대한 답을 찾기 위해 이 책에서 살펴본 내용들은 이전 세대 사람들이 생각하고 행동한 결과로 형성된 현대 사회의 모습을 제대로 알기 위한 것이었다. 따라서 다음 세대의 사람들이 다시 '사회란 무엇인가' 라는 질문을 던진다면 그 답을 만드는 데 가장 큰 역할을 한 사람은 바로 지금 우리일 것이다.

공동의 운명체에서 함께 살아가기

20여 년 전 초등학교가 국민학교라고 불리던 시절에는 아이들이 점심 도시락을 들고 다녔다. 매일 어머니가 정성껏 싸주신 도시락을 들고 학교에 가는 아이들이 대부분이었지만 어려운 가정 형편 등의 이유로 도시락을 싸오지 못하는 아이도 한 반에 한두 명씩 꼭 있었다.

십시일반(十匙一飯)도 하루 이틀이지, 계속 다른 아이들이 나눠주는 밥을 먹기도 미안한 일이어서 도시락을 싸오지 못한 아이들은 점심시간에 조용히 교실을 떠났다. 수돗가에서 물을 잔뜩 마시고 운동장 구석에 앉아 점심시간이 끝나기를 기다렸다. 교실에 남아 밥을 먹는 아이들은 친구의 빈자리를 보며 밥이 목구멍으로 잘 넘어가지 않았다. 도시락을 싸오는 아이에게나 싸오지 못하는 아이에게나 괴로운 점심시간이었다.

오늘날 초등학교에서는 단체 급식을 통해 이런 문제를 해결했다. 단체 급식은 1993년에 시작되어 1998년에는 전국 모든 초등학교에서 실시되었다. 종종 급식의 질이 떨어지고 맛이 없어서 아이들이 짜증을 내기도 하고 급식실이 따로 없는 학교에서는 교실에서 급식을 하느라 번거로운 문제 등이 새롭게 등장했지만, 더 이상 도시락을 싸오지 않은 친구가 조용히 교실 밖으로 나가는 모습을 보지 않아도 된다. 또한 부모도 매일 아침 일찍 일어나 아이의 도시락을 싸야 하는 의무에서 자유로워졌다.

그런데 단체 급식 말고 다른 해결책은 없었을까? 단체 급식처럼 비용을 들일 필요 없이 훨씬 더 간단하게 문제를 해결하는 방법은 아이들을 따로 배치하는 것이다. 가정 형편이 어려워서 도시락을 싸오지 못하는 아이들을 한반에 몰아넣고 매일 도시락을 싸오는 아이들과 완전히 떨어뜨려 놓으면 된다. 그러면 도시락을 싸오는 아이들은 편안한 마음으로 점심식사를 즐길 수 있다. 몇몇 아이들은 학교의 어딘가에 점심을 굶는 아이들이 따로 모여 있음을 알고 미안한 마음을 가질지도 모르지만 눈에 보이지 않으니 점점 잊게 될 것이다.

이런 해결책은 너무나 비인간적으로 보여서 고려해볼 가치도 없다고 생각할지 모른다. 그러나 실제로 현대 사회에서는 이런 방식이 많이 쓰인다. 끊임없이 벽을 쌓고 격리하고 다른 곳으로 추방한다. 판자촌을 허물고 지은 아파트 단지를 보며 멋들어진 경관과 깨끗한 주거 환경에 감탄하면서도 원래 그곳에 살던 사람들이 어디로 떠나갔는지 궁금해하는 사람은 거의 없다. 우리는 여러 방식으로 가난하고 힘없는 사람들을 눈에 잘 띄지 않는 곳으로 몰아낸다. 장애인은 장애인 시설로, 노숙자는 노숙자 시설로, 노인은 노인 시설로 보내면서 그것이 사회복지라고 주장한다.

주민 여러분들의
쾌적한 환경을 위해
주변 건물들은 철거해서
녹지 공원을 계획하고
있습니다. 사모님
멋져요~
엄마~
우린 언제
주민이 될수
있는 거야?

사람은 결코 혼자서는 인간이 될 수 없다. 우리는 모두 보이지 않는 끈으로 연결되어 있으며 한 사람만의 노력으로 세상은 달라지지 않는다. 어쩌면 사회란 결국 인간은 모두 동등한 존재이며 지혜를 모아 함께 살아가야만 한다는 것, 다른 사람들이 억압받는 와중에 결코 나 혼자만 자유로울 수 없다는 사실을 말해주는 하나의 표현일지도 모른다. 그런데 우리는 사회과학이라는 근사한 이름으로 사회를 분석하면서 가장 중요한 이 사실을 잊고 사는 것이 아닐까?

우리는 보기 싫은 사람, 나에게 전혀 도움이 될 것 같지 않은 사람과도 함께 살아가야 한다. 아무리 무능한 사람이라도 못생긴 사람이라도 가난한 사람이라도 괜히 미운 사람이라도 함께 살아갈 수밖에 없다. 우리는 같은 인간이기 때문이다. 인간은 사회적 동물로서 누구 한 사람 빠짐없이 사회라는 공동 운명체에 속해 있다. 그것이 사회란 무엇인가라는 질문을 통해 우리의 전 세대와 우리 자신과 우리의 다음 세대가 똑같이 얻을 수 있는 가장 중요한 교훈이다.

더 읽어볼 만한 책

루이스 A. 코우저, 《사회사상사》, 신용하 · 박명규 옮김(시그마프레스, 2003)

사회사상사를 다루는 책 대부분이 고전 사회학에서 현대 사회학으로 넘어가는 흐름에 따라 실증주의, 마르크스주의, 기능주의, 구조주의 등을 주요 주제로 다루는 반면, 이 책은 사회학의 대가 12명(콩트, 마르크스, 스펜서, 뒤르켐, 짐멜, 베버, 베블런, 쿨리, 미드, 파크, 파레토, 만하임)의 사상과 삶을 집중적으로 조명한다. 저자는 '한 사람의 사상은 반드시 그가 살았던 사회적 배경과 함께 살펴보아야 한다'는 전제를 바탕으로 각 사상가들의 사상, 개인적 배경, 지적 배경, 사회적 배경을 흥미진진하게 풀어놓는다.

신진욱, 《시민》(책세상, 2008)

사회의 주체는 시민이다. 이 책은 시민이라는 개념에 담겨 있는 역사와 의미, 이념과 사상에 대해 깊이 있으면서도 쉽고 간결하게 설명해준다. 고대와 중세의 시민에서 오늘날의 지구시민 사회까지 시민이라는 말은 늘 '공동체의 관심을 공유하고, 자유롭고 평등한 주체로 서로 관계 맺으며, 공동의 문제를 함께 숙의하고 해결하는 사람'을 뜻했다.

앤서니 기든스, 《자본주의와 현대사회이론》, 임영일 · 박노영 옮김(한길사, 2008)

고전사회학의 3대 거장인 마르크스, 베버, 뒤르켐의 현대 사회 분석을 해설하고 비교한 이 책은 사회학을 공부하는 학생들이 손때가 시커멓게 묻을 정도로 가까이 하는 책이다. 영국의 사회학자 기든스는 현대성에 대한 연구와 사회구성론, 제3의 길 등으로 현대사회학의 거장으로 불리기 이전에 이 해설서로 큰 명성을 쌓았다(어떤 학생들은 이 탁월한 해설서에 반해서 기든스를 '요약과 정리의 달인'이라고 부르기도 한다). 그러나 기든스의 해설에 너무 의존하여 넓게 열려 있는 다른 해석의 가능성을 외면하지는 말아야 한다.

앨버트 O. 허쉬만, 《열정과 이해관계》, 김승현 옮김(나남출판, 1994)

얇은 두께에도 불구하고 사회에서 어떻게 '열정'이 사라지고 대신 '이해관계'가 지배적으로 자리 잡게 되었는지 생생하게 보여주는 책이다(우리 책의 3장에서 다루었던 주제——왜 사회가 공적인 영역에서 점차 사적인 영역으로 변했는가——와도 관련이 있다). 저자의 분석에 따르면 자본주의는 처음부터 악마의 모습으로 등장한 것이 아니었다. 오히려 자본주의는 경제 발전과 정치 발전을 동시에 모색했던 18세기 사상가들의 야심찬 기획이었다. 저자는 '의도하지 않았던 결과들' 만 분석하느라 여념이 없는 사회과학자들에 대해 '의도했으나 실현되지 못한 과제들' 에도 다시 관심을 갖자고 제언한다.

피터 L. 버거, 《사회학에의 초대》, 이상률 옮김(문예출판사, 1995)

이 책은 사회학의 기초 이론을 구구절절이 설명하는 개론서가 아니다. 제목 그대로 사회학이라는 지적 세계에 대한 초대장이라고 할 수 있다. 저자는 사회학적 관점에서 사회 속의 인간과 인간 속의 사회를 관찰하는 한편, 사회학이라는 학문이 얼마나 매력적이고 인간주의적인 학문인지 독자에게 보여주려 애쓴다(우리 책 4장에서 소개한 '고개를 들어 자신을 움직이는 장치를 바라볼 수 있는 꼭두각시' 의 비유는 이 책의 핵심 주제라고 할 수 있다).

한나 아렌트, 《인간의 조건》, 이진우 · 태정호 옮김(한길사, 1996)

상당히 어려운 책이다. 그러나 '인간이 인간답게 살 수 있는 사회' 를 어떻게 만들 것인가 고민하는 사람들은 긴 시간을 들여 읽어볼 만하다. 아렌트는 우선 인간은 사회적 동물이 아니라 '정치적 동물' 이라고 선언하고 '사회적인 것' 과 '정치적인 것' 을 명확히 구분한다. 그리고 '사적인 이해에도 공적인 의미를 부여하는 특이한 중간영역' 인 사회와 사유하지 않으며 정치적 행위 능력을 잃어버린 사람들을 신랄하게 비판하면서 '활동적 삶, 실천하는 삶vita activa' 을 대안으로 제시한다. 공공성의 회복을 위해 사유하고 행위하는 삶, 그것이 바로 아렌트가 말하는 '활동적 삶'이다.